South Branch
KANSAS CITY KANSAS
PUBLIC LIBRARY

D0839444

ANGELA LOMBARDO

La dolce vita

El camino mediterráneo
a la felicidad

Traducción de Patricia Orts

AGUILAR

Papel certificado por el Forest Stewardship Council®

Primera edición: junio de 2019

© 2019, Angela Lombardo
World copyright © 2018, DeA Planeta Libri s.r.l., Novara
© 2019, Penguin Random House Grupo Editorial, S.A.U.
Travessera de Gràcia, 47-49. 08021 Barcelona
© 2019, por la traducción, Patricia Orts

Penguin Random House Grupo Editorial apoya la protección del *copyright*.
El *copyright* estimula la creatividad, defiende la diversidad en el ámbito de las ideas y el conocimiento,
promueve la libre expresión y favorece una cultura viva. Gracias por comprar una edición autorizada
de este libro y por respetar las leyes del *copyright* al no reproducir, escanear ni distribuir ninguna
parte de esta obra por ningún medio sin permiso. Al hacerlo está respaldando a los autores
y permitiendo que PRHGE continúe publicando libros para todos los lectores.
Diríjase a CEDRO (Centro Español de Derechos Reprográficos, http://www.cedro.org)
si necesita fotocopiar o escanear algún fragmento de esta obra.

Printed in Spain - Impreso en España

ISBN: 978-84-03-51958-9
Depósito legal: B-10676-2019

Compuesto en Arca Edinet, S. L.
Impreso en Black Print CPI Ibérica
Sant Andreu de la Barca (Barcelona)

AG 19589

Penguin
Random House
Grupo Editorial

ÍNDICE

■

La amistad recorre el mundo entero proclamando a todos que despertemos ya a la felicidad.

Epicuro, *Sentencias Vaticanas*

A César

INTRODUCCIÓN

■

Una fiesta en el jardín

Caminando no hay camino que no sea el caminar.

Vinicio Capossela, *Habitación al sur*

Eran las cuatro de la madrugada, tenía diecisiete años y estaba enamorada: como es de suponer, había pasado las últimas tardes dedicada a cosas mucho más importantes que estudiar para el examen de griego y, como de costumbre, no me quedaba más remedio que recuperar el tiempo perdido pegándome un atracón.

No era la primera vez (ni sería, sin duda, la última) que debía quedarme despierta delante de un libro, ya fuera por placer o para estudiar: al día siguiente me presentaría en el colegio con ojeras, pero con una extraña lucidez, me acercaría a la mesa del profesor con paso firme y sonriendo de oreja a oreja y luego, al volver a casa, pasaría la tarde durmiendo.

Pero esa noche sucedió algo. Debíamos estudiar el *Critón*, cuyo autor era Platón, y cuando por fin acabé el libro, volví a la primera página casi sin darme cuenta y lo leí por segunda vez:

Sócrates: ¿Cómo llegas a estas horas, Critón? ¿No es todavía temprano?

Critón: En efecto, es muy pronto.

Sócrates: ¿Qué hora, aproximadamente?

Critón: La del alba profunda.

En la memoria siempre se queda grabado hasta el menor detalle de los momentos que cambian la vida, de manera que puedes recordarlos incluso varias décadas más tarde. De hecho, aún recuerdo perfectamente el cono de luz de la lámpara sobre la mesa, la taza de café al lado del libro y que, cuando alcé los ojos de la página y miré por la ventana, empezaba a clarear. No valía la pena irse a la cama y poner el despertador un par de horas más tarde; era mejor tomárselo con calma. Así pues, sin prisa y sin saber realmente por qué, embobada, releí no sé cuántas veces las cuatro líneas en las que Critón va a la cárcel a ver a su amigo y maestro para tratar de convencerlo de que se salve de la condena a muerte. «¿Cómo llegas a estas horas, Critón?», pregunta Sócrates desde su celda, que no tiene ventanas para ver el cielo.

«La del alba profunda», responde Critón.
Σωκράτης: πηνίκα μάλιστα;
Κρίτων: ὄρθρος βαθύς.

Órthros bathýs! ¡La del alba profunda! Como si hubiera tenido una revelación, comprendí que el diálogo que tenía ante mis ojos había sido escrito por la mano de un hombre que había vivido en un tiempo tan remoto que resultaba inimaginable y que ahora estaba dialogando conmigo: sus palabras habían franqueado veinticuatro siglos para venir a verme a mi pequeña habitación con toda su potencia dramática.

«¿Qué hora, aproximadamente?», pregunta un condenado a muerte al amanecer del último día de su vida, aquel en que todo puede suceder aún.

«La del alba profunda», le responde su amigo. Le sobra tiempo. *Órthros bathýs!* ¿Cómo iba a convencerme mi padre de que estudiara Economía o Derecho después de haber visto eso?

En los años siguientes tuve la suerte de volver a experimentar muchas veces esas mismas sensaciones y de poder compartirlas con mis compañeros de viaje más queridos en el transcurso de mis estudios y del trabajo editorial. Se lo debo sobre todo a una curiosidad inagotable, que siempre me ha empujado a nutrirme con voracidad de historias, ya fueran escritas, pintadas, arrancadas a un instrumento musical, garabateadas, fotografiadas o contadas en la parada del tranvía o delante de una copa de vino.

Con este espíritu he pretendido afrontar aquí la lectura de Epicuro, Lucrecio y Horacio. Unos autores muy sencillos y humanos, pero no por ello banales, que se dirigían a todos porque creían que el argumento principal de su escuela, la alegría de vivir, era común a cualquier hombre.

Veinticuatro siglos no han sido suficientes para borrar del corazón humano la ansiedad por el resultado de los esfuerzos, por la incertidumbre del futuro, por los miedos que nos quitan el sueño y que gravan en nuestra vida: por desgracia, el mensaje epicúreo de «decrecimiento feliz», que aspira a que todos encuentren su propio camino a la felicidad y se liberen de la esclavitud de los pensamientos, sigue estando de plena actualidad.

Epicuro vivió en una época de grandes y rápidas transformaciones, con un pasado glorioso a la espalda, un presente más inestable que nunca, además de peligroso, y un futuro casi inimaginable. Cuando se instaló en Atenas en el año 306 a. C., tras haber sido expulsado por el tirano Demetrio Falereo, la ciudad estaba a años luz del esplendor que había conocido en la época de Pericles, hacía apenas un siglo, en la que se había erigido el Partenón y se habían puesto los cimientos de la que hoy en día seguimos llamando democracia. En los años en los que el Jardín de Epicuro acogía a todos los estudiantes que querían profundizar y practicar el arte de la felicidad, en Atenas se produjeron varios golpes de estado y la ciudad estuvo la mayor parte del tiempo bajo el dominio del rey macedonio Demetrio Poliorcete, que, pasando de un extremo a otro, era venerado como un auténtico dios (puede que de forma no del todo espontánea) o acusado de ser un megalómano.

Hoy podemos comprender a la perfección la idea epicúrea de que no es necesario esperar a que las cosas mejoren en el futuro para gozar de las alegrías de la vida; al contrario. Epicuro invitaba a sus alumnos a abrir los ojos a la realidad tal y como era, sin velos ni expectativas: según él, era la única manera de encontrar la auténtica serenidad, fundada en la conciencia y en unas elecciones vitales que conjugaban la ética y la alegría, y de construir nuestro propio rincón de paraíso. Para esto, decía Epicuro, basta no proyectar los deseos en la opinión ajena para no malgastar la vida corriendo tras algo que ni nos pertenece ni puede hacernos felices.

Epicuro pensaba que, unidas por la sencillez, la justicia y la belleza eran una sola cosa. Pero ya sus contemporáneos desvirtuaron su invitación a disfrutar de los placeres esenciales y a no trocar el valioso presente por vanas ambiciones externas y la convirtieron en sinónimo de hedonismo desenfrenado. Su pensamiento libre, alegre y contracorriente fue tan distorsionado que al final resultaba irreconocible y, en buena medida, cayó en el olvido. Lo más gracioso es que hoy conocemos muchos de sus textos gracias, precisamente, a que varios de sus enemigos los citaban continuamente: algunas superestrellas de la época como Plutarco, Cicerón o Séneca se obsesionaron tanto con el pensamiento epicúreo que, sin pretenderlo, acabaron siendo sus embajadores. Luego, tras varios siglos de olvido, la filosofía del Jardín fue de nuevo objeto de interés en el Renacimiento y a principios del siglo XVII. Después de que la Iglesia hubiera tenido prohibidas las ideas de Epicuro durante varios siglos, la ironía de la suerte quiso que un eclesiástico, Gassendi, hablara al mundo de ellas, subrayando que había sido el primero que había reivindicado un amor por Dios puro y desinteresado, que obedecía a la admiración por la infinita virtud divina y no a su posible intercesión.

A pesar de lo sólida que llegó a ser su escuela, Epicuro vivió bastante aislado en su época. Para hacer hincapié en lo novedoso de su pensamiento, se proclamaba autodidacta, y, además, la idea de que todos los seres humanos (incluidos los esclavos y las mujeres) eran iguales ante el conocimiento y la alegría de vivir lo convirtió en un mirlo blanco respecto al pensamiento dominante de autores como Platón y Aristóteles.

Epicuro nació en el 342 a. C., seis años después de la muerte de Platón. Por aquel entonces, Alejandro Magno tenía catorce años y, guiado por Aristóteles, su preceptor, se preparaba para convertirse en el hombre que iba a cambiar la faz del mundo griego. De hecho, su irrefrenable cabalgada no tardó mucho en conquistar las tierras que se extendían de la India a Egipto, generando una globalización que dio origen a unos intercambios culturales y económicos sin precedentes. El choque que se produjo con la muerte repentina de Alejandro a los treinta y tres años fue fragoroso e inesperado.

La edad helenística que, según los historiadores, se inició justo en ese momento, en el año 323 a. C., comenzó con las guerras atroces por el poder entre los lugartenientes más célebres de Alejandro, que se mataron entre ellos despiadadamente arruinando a miles de soldados y civiles. Ninguno de ellos logró descollar. El sueño de dominio de Alejandro tuvo que viajar a Roma y esperar tres siglos hasta que Julio César y luego su sobrino nieto, Octaviano, tomaron el relevo. La inestabilidad que caracterizó a la edad helenística terminó en el año 31 a. C. con el suicidio de Cleopatra y el final de la guerra contra Egipto, la única potencia del Mediterráneo que podía poner en un aprieto a los romanos. En ese momento, pues, existían las bases para la construcción del imperio de Octaviano, que estaba listo para proclamarse Augusto. Horacio tenía treinta y cuatro años y formaba ya parte del círculo del futuro emperador, mientras que Lucrecio había muerto, quizá se había suicidado, hacía unos veinte años, dejando inconcluso el monumental poema en el que versificaba el pensamiento de Epicuro.

Al igual que entonces, también en la actualidad, cuanto más implosiona el futuro ante nuestros ojos, como los edificios de la película *Inception*, con más fuerza nos llama el presente con su voz delicada para ponernos en guardia contra los que nos proponen cambiar el huevo que tenemos hoy por la gallina que podríamos tener mañana. Contra los gatos y los zorros dispuestos a agarrar al vuelo las monedas de oro de nuestro tiempo, de nuestro talento o de nuestro amor, asegurándonos que no tardaremos en ganar un *jackpot* que cambiará nuestras vidas. *Carpe diem*, ordena Horacio a su amiga con amable insistencia: el lujo más precioso, que debe aferrarse con la misma gracia y el mismo sentido de la oportunidad que se pone en el fruto de una rama, es el tiempo, el día presente, este *dies* irrepetible que estamos viviendo y que no volverá. Aprovecha el momento y no te dejes engañar demasiado por la esperanza del futuro, *quam minimum credula postero.*

Una de las acusaciones más fuertes que se hicieron a la filosofía epicúrea fue que era incoherente, pero, mirando las cosas desde otro punto de vista, cabe decir también que el núcleo más vital de esta es, precisamente, su capacidad de equilibrar instancias en apariencia opuestas gracias a la justa medida y a la sencillez.

Pensar en la muerte, no para dejarse vencer por el miedo, sino para animarse a vivir con intensidad; cultivar la libertad individual para poder entablar relaciones armoniosas con la sociedad en que vivimos; atribuir la máxima importancia al placer sin dejarse esclavizar por él; dedicarse a la belleza y al cuidado del cuerpo con ironía y sobriedad; vivir cada día como si fuera el último sin perder un gramo de dignidad ni de sentido ético; perseguir la realización personal movidos por el entusiasmo y no por la vanidad; gozar de la paz de la naturaleza, pero apreciar también los estímulos de la vida urbana; tratar de no aferrarse a las ilusiones, pero sin perder jamás la esperanza. ¿Acaso no es lo mismo que queremos nosotros?

El epicureísmo nos habla de una búsqueda de la felicidad fundada en la capacidad de elegir las personas y las situaciones que nos hacen sentir bien: a todo lo demás se puede renunciar con serenidad aligerando nuestra vida de compromisos, relaciones y costumbres que, en muchas ocasiones, arrastramos como un obstáculo. Las palabras de los autores epicúreos son un escudo solidísimo que puede protegernos de las flechas insidiosas del sentimiento de culpa y del miedo escénico que nos envenenan la vida, porque desde esta óptica la responsabilidad se convierte en el principal instrumento para obtener y mantener el placer, en lugar de un instrumento de sufrimiento y renuncia, como suele parecernos. Entre beber hasta sentirse mal y la idea de que es justo ser abstemios, el arte de vivir epicúreo nos invita al placer de beber un vaso de vino en compañía para celebrar un acontecimiento especial o el mero hecho de estar en el mundo. Ni hedonistas ni ascetas, nosotros, los alumnos epicúreos del siglo XXI, somos libres de tomar todo el pan y todas las rosas que podamos necesitar para nutrir nuestro cuerpo y nuestra alma con amor, respeto y moderación, relacionándonos de forma ecológica con nosotros mismos y con el mundo que nos rodea. Sabemos que nadie podrá trazar por nosotros el camino que conduce a la felicidad más auténtica ni indicárnoslo en un anuncio publicitario.

En muchas ocasiones podremos parecer extraños a ojos de un buen número de personas, pero debemos ser pacientes: nos resignaremos, nos encogeremos de hombros y seguiremos interrogando a todos los maestros que se crucen en nuestro camino, tanto si se trata de uno de los grandes sabios de la Tierra como si se trata de un niño de tres años, de un cantante de rap o de la señora que hace cola detrás de nosotros en la caja del supermercado; de un árbol o de una montaña, que existían ya cuando aún no habíamos venido al mundo y que seguirán existiendo cuando lo abandonemos.

Al cruzar el umbral del Jardín he intentado escuchar los textos con la sencillez de uno de los esclavos que Epicuro admitía en su escuela. El más humano de los filósofos desdeñaba la riqueza y cualquier tipo de prejuicio social: el precio de las lecciones de su escuela era accesible y no se requería ninguna preparación específica para seguirlas; bastaba saber leer y escribir para convertirse en alumno o alumna del maestro que odiaba los artificios de la retórica y amaba la poesía. Epicuro se jactaba de usar palabras genuinas para transmitir a todos su mensaje, centrado en la visión de la realidad tal y como era: en su opinión, solo esto podía liberar a los hombres de la ansiedad y restituirles el derecho a la libertad de pensamiento y a la alegría de vivir.

A medida que avanzaba en mis lecturas, aumentaba el deseo de profundizar en la «franca lengua»* de Epicuro, que, con frecuencia, enciende una serie de frases sumamente sencillas con la belleza de un léxico inesperado, donde escasean los términos elevados y abundan los cotidianos, capaces de cobrar vida con una poesía rústica y luminosa, al alcance de todos, como él quería que fueran sus enseñanzas. De esta forma, decidí probar una nueva versión de los textos de Epicuro, Lucrecio y Horacio que se concentrase en la parte más esencial y humana de su mensaje, acompañada de mis traducciones de varios textos contemporáneos que amo de tal forma que no he podido resistir la tentación de meter la mano en ellos.

Las herramientas que adquirí estudiando a los clásicos siempre me han servido para editar las traducciones de autores contemporáneos, pero esta vez he experimentado el camino inverso: abordar los textos antiguos con las herramientas del oficio de la escritura actual. El concepto de diferencia de uso, por ejemplo, me ha resultado muy útil para seguir el «río semántico» de las palabras más significativas. Comprender cuándo el autor usa un término que no es obvio, sino que contiene una imagen

---

* Alusión al poema «La retama», de Giacomo Leopardi; véase en notas a la edición (*N. de la T.*).

sorprendente, y tratar de ofrecer al lector el efecto justo, supone un esfuerzo y un gran riesgo en el caso de una lengua muerta, ya que no es posible entrenar el oído viajando y sumergiéndose por la noche en series de televisión en el idioma original, como hacen los traductores de lenguas vivas. Además, el griego antiguo es como un cubo de Rubik enloquecido, en el que cada concepto se puede expresar con mil palabras y cada palabra puede significar mil cosas: trabajar teniendo siempre en el bolsillo la llave inglesa de la diferencia de uso significa detenerse a cada paso para preguntarse, no solo qué significa una palabra, sino también por qué el autor ha elegido esa y no otra para expresar un concepto, con el fin de atribuir valor tanto al sabor del texto como a su contenido.

A propósito del sabor: Epicuro era conocido porque, cuando describía el camino que conduce a la felicidad en un jardín mediterráneo, recurría de forma casi obsesiva a metáforas relativas a los placeres más esenciales, como dormir y comer. Pero es maravilloso comprobar con cuánta ironía excavó en el significado más vívido de la palabra «placer» ἡδονή (hedoné), de la raíz ἡδύς (hedýs), «dulce», salpicando a menudo sus textos con expresiones que loan la «vida dulce»: ¿qué mejor manera de explicar en dos palabras a sus detractores que la felicidad a la que nos invita no es un hedonismo desenfrenado, sino que se trata más bien de una alegría sencilla y delicada que nos deja un buen sabor de boca?

Muchas veces he tenido la impresión de que nuestro filósofo usaba un término que debía de sonar también curioso al que estaba sentado a su lado en el Jardín. Como cuando, para hablarnos de los deseos que podemos realizar sin pedir ayuda a nadie, usa un verbo que nos convierte en riquísimos productores del espectáculo de nuestra vida, de la que en otras ocasiones, en cambio, nos aconseja que nos pongamos literalmente al timón.

Ese nivel de lectura tan vívido e incisivo estalló con los textos de Horacio, quien, por lo visto, se divertía mucho usando el formidable cincel de su pluma para jugar con las palabras y retomar viejos temas, igual que hacemos nosotros con nuestros mejores amigos en los chats de *WhatsApp*. Si debe ordenar en broma al abogado de éxito que lleve a la cena que ha organizado un vino caro para compararlo con el campesino que piensa ofrecer él, Horacio usa el verbo *arcesse* en lugar del más banal *fer*: entonces me gusta imaginar que quiso decirle «preséntalo en juicio», en lugar de «tráelo». De igual forma, me parece también irresistible comprobar cómo, en una de sus cartas más densas de significado e ironía, valiéndose de un adjetivo ambiguo que podía usarse tanto para aludir al cepillado de una persona en la bañera o al de un animal de granja, *curatum*, acaba transformándose, una palabra tras otra, en un cerdo:

> Si quieres reírte un poco, ¡ven a verme!
> Te recibiré en forma espléndida,
> entrado en carnes y bien almohazado:
> un cerdo de la piara de Epicuro.

Una buena respuesta para quien había definido a Epicuro como «¡el último de los físicos, el más cerdo y el más perro […], el más ignorante de los vivos!».

Frecuentando la rústica sabiduría de Epicuro, la elegancia de Lucrecio y la gracia irónica de Horacio (quien, dada la complejidad de su pensamiento y de sus decisiones vitales, es el que más se aproxima a nuestra experiencia) me divertí creando unos ejercicios que pueden ayudarnos a transformar los razonamientos filosóficos en una simple práctica cotidiana, como se solía hacer en la época del maestro, siempre y cuando estemos dispuestos a darnos una vigorosa cepillada y convertirnos también en unos espléndidos y mofletudos «cerdos de la piara de Epicuro». Además, me he tomado la libertad de mezclar las sugerencias de los textos epicúreos con pensamientos y autores pertenecientes a épocas y culturas diferentes, relacionadas de forma más o menos directa con nuestro filósofo. Por ejemplo, las numerosas coincidencias existentes entre el epicureísmo y la antigua sabiduría hindú no son casuales, sino fruto de un dato histórico: Epicuro conocía la obra del filósofo Pirrón, que siguió a Alejandro Magno en su viaje a los confines del mundo conocido en aquellos años. En cambio —a pesar de que los estudios de los físicos sobre la idea de que la línea temporal podría ser menos rígida de lo que pensamos abren unas posibilidades fascinantes—, es menos probable que Epicuro conociera las palabras de Beyoncé, de Wim Wenders o de mi abuela (aunque no dudo de que le habrían encantado sus sabias palabras en aquel dialecto siciliano tan cerrado, y aún más sus albóndigas de berenjena).

Si alguien considera estas confianzas una falta de respeto, espero que pueda creer que, en cambio, al releer estos autores los sentí tan próximos que me pareció natural entrar en el Jardín de Epicuro con unas cuantas botellas de vino, varios de sus amigos, como Albert Einstein y Karl Marx, y un puñado de amigos míos, como Pablo Neruda, David Sedaris y Peggy Guggenheim. Espero que le guste, dado que esta era, precisamente, su manera de filosofar: libre, abierta y alegre. Una fiesta organizada al vuelo, sin pretensiones de exclusividad ni listas en la entrada, en la que puedes presentarte vestido como te parezca y no pasa nada si te descalzas y te sientas en la hierba a charlar hasta tarde contemplando las estrellas.

PRIMERA PARTE
Caminar en el vacío

1

No pises la huella de los demás

Mientras caminamos, debemos procurar que la próxima
jornada sea mejor (κρείττω) que la anterior y, al llegar al final,
estar tan contentos (εὐφραίνεσθαι) como antes.
Epicuro, *Sentencias Vaticanas*

Los primeros pasos son rápidos y enérgicos. Con los hombros erguidos y la cabeza alta, iniciamos el primer ascenso, puede que incluso cantando, pero al cabo de unos minutos comprendemos que quizá nos convenga ahorrar esfuerzos.

Partimos sin rumbo fijo, pero, a medida que vamos avanzando, nos damos cuenta de que vale la pena llegar al mirador. En cada cruce del bosque tratamos de interpretar los carteles de acuerdo con lo que oímos en el pueblo, en ocasiones convencidos de que es el camino correcto, y, en otras, movidos por la simple curiosidad que nos inspira la forma de un árbol o un rebaño de ovejas que pace en un prado cercano.

De repente, nos sentimos cansados: hemos avanzado tanto que nos parece ridículo regresar; sin embargo, a partir de ese momento sentimos la tentación de hacerlo a cada paso. Nos regañamos por haber faltado a las dos últimas lecciones de pilates, por no haber llevado la botella de agua, por no haber estudiado bien el camino antes de ponernos en marcha. ¡En teoría eran solo dos pasos! Hace unos minutos nos cruzamos con una familia que regresaba: la saludamos con la cortesía que corresponde en estos casos y nos sentimos tan animados por la certeza de que el sendero conducía a alguna parte, que la dejamos alejarse sin preguntarle si el mirador que buscamos está donde debería estar.

Por absurdo que parezca, ahora estamos tan enfadados con la persona que camina a nuestro lado que avanzamos con la cabeza gacha, como si nos negáramos a mirarla a la cara: nos parece imperdonable que sepa lo mismo que nosotros y que solo pueda animarnos con la mirada a seguir adelante.

No se ve a nadie más en los alrededores y el teléfono no tiene cobertura. Es duro sentirse tan solo, hasta tal punto que nos arrepentimos de no habernos unido a una de esas excursiones de grupo que siempre hemos desdeñado, con la guía que espera siempre a todos alzando y agitando sin parar una banderita. Quizá habríamos tenido que soportar alguna que otra conversación aburrida, pero al menos nos habríamos relajado. Sea como sea, ya es demasiado tarde.

No nos queda más remedio que seguir caminando con la esperanza de que el sendero que hemos elegido sea el bueno y recordando que, en cualquier caso, siempre podemos volver atrás.

Luego, en cierto momento, al doblar una curva como las demás, se abre ante nuestros ojos el glorioso panorama que íbamos buscando. Olvidamos el cansancio y la perplejidad, nos sentimos como unos auténticos héroes, disfrutamos de la vista respirando a pleno pulmón, incluso nos parece que jamás hemos estado en tan buena forma. Cuando sintamos su mano en el hombro no será necesario decir una palabra, porque enseguida recordaremos por qué hemos elegido siempre esa forma de viajar, sin recurrir a los guías y las banderitas: poco importa si, al regresar, el último tramo de bajada se transforma en una subida.

Embarcarse en la aventura de personalizar nuestro camino, en lugar de seguir uno de los numerosos y cómodos modelos que el mundo nos propone, nunca es fácil, porque si queremos «que la jornada siguiente sea mejor que la anterior» perderemos inevitablemente algo en cada bifurcación. Sabemos que cada vuelco nos aleja cada vez más del punto de partida, por el que sentimos una nostalgia irrefrenable (a pesar de que nos pusimos en camino porque quisimos), hasta tal punto que a veces nos quedamos bloqueados durante años, incapaces de decidir si tomar una dirección u otra. Como dice Robert Frost:

Dos caminos se abrían en un bosque amarillo
Y triste por no poder caminar por los dos,
Y por ser un viajero tan solo, un largo rato
Me detuve, y puse la vista en uno de ellos
Robert Frost, «El camino no elegido»*

Ya sea por orgullo, cansancio o falta de costumbre de movernos sin la ayuda de un navegador que guíe nuestros pasos, no nos gusta nada equivocarnos de camino. Tendemos a olvidar que *errare* (además de ser, por definición, bastante humano) significa tanto caminar como equivocarse: no siempre podemos movernos en línea

---

* Robert Frost, *Poesía completa*, traducción de Andrés Catalán, editorial Linteo poesía, 2017 *(N. del E.)*.

recta, sobre todo cuando tenemos la ambición de llegar a un lugar realmente distinto del que procedemos.

Para expresar la idea de que el próximo tramo de camino que nos aguarda podría ser mejor o «más interesante» que el que hemos dejado a nuestras espaldas, Epicuro elige κρείττω (*kreítto*), un adjetivo que nace de κράτος (*kratos*), el término que alude a la fuerza física, el poder como dominio de los acontecimientos, el éxito. Más o menos lo que confiamos en encontrar, tanto literal como metafóricamente, cuando lleguemos al mirador.

Pero estamos tan acostumbrados a compartir al instante cada momento de felicidad que puede que no seamos tan delicados en la celebración como nos aconseja Epicuro. ¿Cómo se puede «gozar de corazón, pero sin exagerar» cuando llegamos a ciertas áreas de descanso, frente a la alegría que nos compensa el dolor de piernas y abre nuestros pulmones? Epicuro lo sabía, porque, de no ser así, no habría recurrido a un verbo como εὐφραίνεσθαι (*euphráinesthai*), que indica, para empezar, el fermento que eleva el diafragma y hace latir el corazón (φρήν, *fren*, de la raíz sánscrita *bharati*, que indica movimiento, la misma de la que nace también la palabra latina *fermentum*).

Orgullosos y satisfechos de nuestro recorrido, podemos reponernos al estilo de Horacio. Igual que un rapero de nuestros días no teme presumir descaradamente. En una carta a Mecenas, refiriéndose a la novedad poética de sus *Odas*, afirma con descaro:

> He caminado en el vacío, a la cabeza,
> con paso libre.
> Jamás he pisado la huella
> de los demás.

Con su cuerpo rechoncho y su sonrisa burlona, Horacio se lanza impávido al vacío, *per vacuum*, con la gracia de un funámbulo. Es consciente de los riesgos y de la fatiga que conlleva esta elección, así como de las palpitaciones, que no tendría de otra forma:

> Seguramente esto lo diré entre suspiros
> en algún momento dentro de años y años:
> dos caminos se abrían en un bosque, elegí…
> elegí el menos transitado de ambos,
> y eso supuso toda diferencia.
>
> Robert Frost, «El camino no elegido»*

---

* Robert Frost, *Poesía completa*, traducción de Andrés Catalán, editorial Linteo poesía, 2017 *(N. del E.)*.

2

Expresa un deseo; mejor aún, un capricho

Una mañana, Ciro entra en una iglesia, se arrodilla e implora: «San Jenaro, ayúdame, estoy en el paro, concédeme una gracia, hazme ganar cincuenta millones en la lotería».

Al cabo de quince días, despeinado y con los ojos hinchados por el llanto, Ciro vuelve a la iglesia: «San Jenaro, no me escuchaste y ahora tengo más problemas que antes. ¡El usurero me ha despellejado! ¡Te lo ruego, hazme ganar cien millones en la lotería!».

Quince días más tarde, Ciro, destrozado, se vuelve a arrodillar delante de la estatua del santo:

«¡San Jenaro, te lo suplico, debes concederme esta gracia! Ayúdame a ganar mil millones en la lotería, si no, ya no sé qué hacer, me mataré».

Sacudido por los sollozos, se pone en pie, se hace la señal de la cruz y se dirige hacia la salida de la iglesia desierta cuando, de repente, se oye en las naves una voz cavernosa: «Ciroooo».

«Virgen Santa, ¿quién es? ¿Eres realmente tú, san Jenarito guapo?».

«Sí, Ciroooo, soy yoooo».

«¡Dime, dime, san Jenaro!», exclama Ciro jadeando con los ojos desmesuradamente abiertos.

«¡A ver si compras el billete de una vez, coño!».

Este viejo chiste napolitano expresa de forma genial el concepto al que Epicuro dedicó un fragmento mucho más escueto, diría que incluso severo: «Es absurdo pedir a los dioses las cosas que uno no sabe procurarse a sí mismo».

Como siempre, el griego de Epicuro es muy denso, de forma que las palabras revelan sus cualidades tridimensionales cuando las observamos más de cerca: no hay mucho que añadir al hecho de que, ya de por sí, μάταιον (*mátaion*) signifique a la vez inútil, incorrecto, absurdo y loco. Para nosotros, lectores contemporáneos neuróticos, resulta fascinante e instructiva la noción, obvia en aquella época, de que no hay nada más loco (*mátaion*) que un esfuerzo vano: hoy es sin duda corriente, incluso a menudo se considera digna de respeto y compasión, la actitud del que prefiere enojarse con el san Jenaro de turno a sentirse dueño (y responsable) de su existencia en numerosos aspectos.

Será *mátaion*, pero, presas de la multitud de deberes que afligen nuestras jornadas —y puede que también del sentimiento de inadecuación que nos acompaña a todas partes como una sombra insidiosa de la que no logramos desembarazarnos—, es fácil olvidar que todos somos capaces de hacer solos lo necesario para realizar muchos deseos grandes y pequeños: χορηγῆσαι (*choregésai*), dice Epicuro. Habría podido explicar el mismo concepto de un sinfín de maneras diferentes, mucho más sencillas y habituales para sus alumnos, pero quiso elegir un verbo que, a primera vista, significa «formar el coro», evocando la imagen de una figura determinante para el desarrollo cultural de la Atenas clásica.

El *chorēgós* o corego era la persona que se hacía cargo de los gastos que ocasionaba la preparación de los espectáculos teatrales que se presentaban a la población

durante las fiestas ciudadanas más importantes, las Grandes Dionisias. Todos los años el arconte epónimo selec-
cionaba tres coregos, que acompañaban a cada uno de
los poetas competidores: estos patrocinadores privados
se seleccionaban entre los hombres más ricos de la ciudad, porque debían asumir un compromiso económico
considerable sin recibir nada a cambio, salvo un gran reconocimiento y un prestigio social indiscutible. Por lo visto,
la flor y nata de la sociedad ateniense se contendía esta
tarea.

Hoy en día no existe nada equiparable a una figura
como esta, de forma que no acabamos de entender qué
pretendía Epicuro cuando recurrió a la imagen del corego
para decirnos que podemos realizar solos lo que deseamos. No logramos creer que nuestros talentos puedan
procurarnos una riqueza capaz de proporcionarnos una
vida como la que Pericles —que por aquel entonces tenía
poco más de veinte años, pero que ya estaba en la cima—
puso a disposición de Esquilo para el estreno de *Los per-
sas* en el año 472 a. C. Nos encantaría poder sacarlos a la
luz para no tener que perder tiempo suplicando arrodillados delante de la estatua de un santo, de un padre o de
un novio, a los que regalamos de forma estúpida (es decir,
¡en vano!) el estatus de dioses. Pero no es fácil encontrar
el camino para salir del túnel de la expectativa y del

resentimiento perenne donde ya no somos capaces de elegir ni de procurarnos con sencillez lo que queremos, pero, sobre todo, no dejamos de preguntarnos cómo hemos podido meternos hasta el cuello en esos problemas sin darnos cuenta.

Para defendernos solo podemos llamar a una persona al banco de los testigos: la querida y vieja tía que, pobre, hizo todo lo que pudo para que aprendiéramos desde la más tierna infancia a ser unas personas respetables y nos enseñó que no está bien desear, no digamos pedir. Nos lo recordaba a diario: «¡No puedes salirte siempre con la tuya!»; «¡Son lentejas, o las tomas o las dejas!».

En cambio, el niño pequeño sabe de sobra lo que le gusta y lo que no: si quiere el coche rojo y se lo cambiamos sin que se dé cuenta por el amarillo, organiza una tragedia; se niega en redondo a dar un beso al panadero que le cae gordo y sufre terriblemente si le pedimos que regale su superhéroe preferido a un amiguito o que espere a mañana para ir al tiovivo: «¡Ahora, mamá!». Si le chifla la Nutella, encontrará sin duda la manera de trepar hasta el estante más alto y cogerla.

El niño considera el mundo sagrado hasta que una parte de nuestra «educación» le enseña a fingir que no existe ninguna diferencia entre lo que es especial para cada uno de nosotros y lo que no lo es. Un día tras otro, un año tras otro, la mayoría nos convertimos en personas educadísimas, en caso contrario nos sentimos terriblemente culpables y la voz de nuestra tía retumba en nuestra conciencia incluso si hemos pasado los cincuenta: «¡No seas caprichoso! Pero ¡qué travieso eres!».

En un rincón de nuestro fuero interno, a veces nos sentimos terriblemente insatisfechos o increíblemente felices en los momentos más inoportunos, pero hemos aprendido a contener esas sensaciones, a prestarles cada vez menos atención y a seguir adelante con nuestra vida de personas adultas. Nosotros sí que sabemos cuáles son los deseos por los que vale la pena esforzarse y trocar los placeres presentes, invirtiendo en ellos tiempo y dinero a manos llenas: un ascenso en el trabajo que hará caer sobre nosotros un alud de obligaciones y preocupaciones añadidas, la compra de otro bolso que no podemos permitirnos, unas vacaciones con una persona que nunca nos ha acabado de comprender y con la que hace siglos que no nos reímos. Porque, ¿acaso no era esto crecer?

Por otra parte, arrodillados a los pies de san Jenaro nos sentimos tan pequeños que en parte se entiende por qué, por el motivo que sea, olvidamos a menudo que «disponemos de todos los medios» para ir al estanco y comprar el fatídico billete de lotería, sea cual sea la forma que este revista para nosotros: enviar un currículum para el trabajo con el que soñamos, llamar por teléfono en lugar de mandar el emoticono de siempre por *WhatsApp*, empezar el curso de baile africano, acoger en nuestra vida a las personas que nos hacen sentirnos realmente bien. Aterrorizados y petrificados ante la idea de que, si todo va sobre ruedas y ganamos el primer premio, con esas monedas de oro en el bolsillo nos volveremos seguramente egoístas y antipáticos o, peor aún, *traviesos*. ¡Y quién tiene ganas de volver a oír a la tía!

Quizá sea por eso por lo que muchas veces, al vivir perennemente atemorizados por la comparación («¿Has visto lo bueno que es tu hermano? ¡Se ha comido todas las espinacas!») o por el miedo a perder un día lo que adoramos, preferimos renunciar. En pocas palabras, nos encontramos más a gusto en una situación incómoda, y cuando la vida nos presenta una ocasión o un regalo a decir poco especial, nos sentimos tan apurados que hacemos todo lo posible para boicotearlo o para deshacernos de él. Si nos vemos obligados a aceptarlo, el bochorno nos impide usarlo: igual que la pequeña Cosette, de *Los miserables*, cuando —tras años de sufrir en las garras de la familia que la trata como a una criada—

recibe un regalo de su salvador, Jean Valjean: la muñeca más bonita del pueblo:

> Cosette puso a Caterina en una silla, después se sentó en el suelo delante de ella y se mantuvo inmóvil, totalmente muda, en actitud de contemplación.
> —Entonces, juega, Cosette —dijo el viajero.
> —¡Oh! Pero estoy jugando —contestó la niña.*

O, al contrario, acabamos encerrando a la tía en el trastero y devorando dieciocho tarros de Nutella uno detrás de otro, a pesar de que sabemos que luego estaremos mal dos días por culpa de esa *travesura*; es más, a mitad del primer tarro sentimos ya una gran náusea.

Aligera los deseos

La figura del corego que evoca Epicuro es iluminadora: si dejamos de lloriquear y de sentirnos siempre insatisfechos, como el que se arrodilla delante de san Jenaro sin haber comprado el billete, y somos capaces de

---

* Víctor Hugo, *Los miserables*, traducción de Marie Mersoye, Plutón Ediciones, 2014 (*N. de la T.*).

convertirnos en los mecenas y productores del espectáculo de nuestra vida, encontraremos como consecuencia directa y lógica el sentido de la medida que tanto le gustaba al filósofo.

Aquí tocamos uno de los puntos de la enseñanza epicúrea que más, y de manera más profunda, se han tergiversado: la insistencia en el placer y en los deseos contribuyó a que se acabara confundiendo el epicureísmo con el hedonismo disoluto, justo lo contrario de lo que dicen los textos. «Si quieres enriquecer a Pitocles no debes aumentar lo que posee, sino aligerar lo que desea».

La súplica a san Jenaro es, por naturaleza, una escalada desenfrenada y *mataion*, muy alejada de la realidad, en tanto que el corego que debe montar el espectáculo poniendo dinero de su bolsillo debe hacer un sinfín de números para encontrar el equilibrio adecuado entre la pompa que corresponde al resultado y su disponibilidad (nuestro «presupuesto» de energías, confianza, salud, dinero, tiempo…). A diferencia de la tía, que tiende a ser un poco rígida con nosotros sin pensar de verdad que con ello nos está haciendo un gran bien, el papel que desempeña el corego lo lleva a ser generoso y comedido a la vez.

Es impensable escenificar un espectáculo realmente emocionante sin añadir algún detalle imprevisible y exagerado, pero es evidente que esto debe ir acompañado de una instalación sostenible y elegante al fondo. «Aligerando los deseos» nos damos cuenta de que podemos concedernos algún que otro capricho sin poner en peligro nuestra nobleza de ánimo ni la seguridad de nuestra vida.

Como escribe Marie Kondo, la autora japonesa que ha enseñado a millones de personas en todo el mundo a ordenar su casa y su vida renunciando a la mayoría de los objetos superfluos, la primera regla consiste en comprender lo que deseamos de verdad y guardar lo que amamos con todas nuestras fuerzas y lo que nos pertenece en lo más hondo: las cosas que «nos hacen brillar los ojos cuando las miramos».

El mejor criterio para elegir qué conservar y qué desechar es si conservarlo te hará feliz, si te va a traer alegría.
¿Te hace feliz ponerte ropa que no te da placer?
¿Te da alegría estar rodeado de montones de libros que no te tocan el corazón?
¿Crees que poseer accesorios que nunca usarás puede traerte felicidad?

La respuesta a estas preguntas debería ser «no».

Ahora imagina que vives en un espacio que solo contiene cosas que te dan felicidad. ¿No es el estilo de vida que sueñas?

Guarda las cosas que hablan a tu corazón. Luego, da el siguiente paso y desecha todo el resto. Al hacer esto, podrás reajustar tu vida e iniciar un nuevo estilo de vida.

Marie Kondo, La magia del orden*

De esta forma, es como si nuestro corego interior, ataviado con su precioso quitón, el pelo entrecano y la talega llena de monedas de oro, antes de tomar una decisión pidiera consejo al asesor más autorizado: el mocoso con pelo de loco, los zapatos llenos de barro porque ha saltado en los charcos y una sonrisa maravillosa, pero a la que le faltan algunos dientes. Nadie es más libre que él para elegir lo que hace latir el corazón, de forma que lo necesitamos para que nuestro espectáculo sea único.

Acompañados de estos dos ángeles de la guarda seremos más libres que nunca de explorar el mundo como

---

* Marie Kondo, *La magia del orden*, traducción de Rubén Heredia Vázquez, editorial Aguilar, 2015 *(N. del E.)*.

nos gusta, porque en el diálogo entre el corego y el niño la respuesta a una pregunta nunca es previsible, pero el objetivo siempre es el mismo: la verdadera felicidad. Podremos sorprendernos decidiendo que, a fin de cuentas, preferimos renunciar a beber otra copa, porque nos interesa mucho más seguir conociendo a la persona que tenemos enfrente sin tener que correr al servicio para vomitar; o que la falda plateada que, a primera vista, no combina con nada, pero que nos cae como un guante, podría ser la prenda ideal para las ocasiones en que queremos sentirnos un poco especiales.

Nuestro capricho epicúreo no consistirá en engullir dos kilos de patatas fritas para comer y cenar todos los días, sino en conceder a lo que deseamos en lo más profundo de nuestro corazón la misma importancia que atribuimos a los deberes que nos ocupan o a los deseos ajenos. De esta forma, cuando el corego considere que prefiere renunciar a un placer a zambullirse en todo lo que despierta su curiosidad, se tratará de una elección, no de una frustración.

Esta clave, que se encuentra a mil años luz del hedonismo desenfrenado que durante décadas ha empujado a muchos de nosotros a coleccionar objetos y experiencias superfluos, nos enseña que la única manera de conocernos bien, alzar la rodilla del suelo y dejar de pedir ayuda a san Jenaro, asir las riendas de nuestra vida y convertirnos en adultos es ceder a nuestros caprichos.

Aprende a ser desobediente

Cualquier padre o maestro sabe lo difícil que es hacer respetar a diario las reglas sin convertirse en un carcelero, transmitir lo que se ama y aquello en lo que se cree sin someter el pensamiento del que está a nuestro cargo; hacer florecer los talentos y el carácter de los jóvenes sin dejarlos a merced de sí mismos ni darles una educación tan rígida que bloquee su desarrollo más espontáneo.

Entretanto, para educarnos a nosotros mismos con la máxima gentileza y libertad, nos bastará recordar que, en ocasiones, un poco de desobediencia puede cambiarnos la vida y ayudarnos a conservar nuestra chispa más auténtica, vital y constructiva. Igual que el compañero de clase rebelde que suspendía siempre y que, a los cuarenta años, es un hombre espléndido y da trabajo a decenas de personas, también Aladino, antes de aprender a usar la lámpara que le permitió realizar sus deseos hasta convertirse en un sultán amado por todos, era:

«desobediente a sus padres y aficionado a la holganza, pasaba los días enteros fuera de su casa, jugando en las calles con vagabundos de su edad y de su especie».*

En efecto, si no hubiera sido tan *travieso*, quizá no se habría atrevido a contradecir a su madre cuando esta le pidió que se deshiciera de la lámpara mágica, porque le aterrorizaba el extraño genio que la había desconcertado con su figura imponente y su repentina prodigalidad.

Inspirándose en la historia de Aladino, Jack Canfield y Mark Victor Hansen escribieron *El factor Aladino*, un libro dedicado precisamente al arte de expresar los deseos manifestando nuestra parte más libre y creativa y superando las inevitables resistencias internas. No hay nada más humano que tener miedo del genio de la lámpara y de sus regalos: igual que Cosette, que no se atrevía a tocar la muñeca, sin pensar que, por lo general, los juguetes más valiosos del pueblo están deseando abandonar el frío escaparate para ir a jugar, incluso a costa de que se arrugue un poco el encaje de sus bonitos vestidos.

---

* A. Galland, *Las mil y una noches*, traducción de Pedro Pedraza Páez, Ramón Sopena, 1930 (*N. de la T.*).

Para recuperar el valor de preguntarnos qué queremos y qué necesitamos de verdad, al margen de lo que piensan la tía o la publicidad, *El factor Aladino* propone un viejo juego muy instructivo: coger un cuaderno y escribir una lista de deseos hasta llegar a ciento uno. Puede parecer un esfuerzo inútil y un tanto estúpido (*mátaion!*) redactar una lista tan larga cuando, en realidad, nuestro objetivo epicúreo es «aligerar», pero quien trate de hacerlo descubrirá que, por desgracia —con raras y afortunadas excepciones—, hemos aprendido a acallar tan bien al niño que llevamos dentro que ya no sabemos qué pedir: la idea de tener un espacio específicamente destinado a nuestros caprichos, por inocuos que sean, nos exalta y nos intimida al mismo tiempo. Entusiasmados, escribimos de golpe los primeros diez puntos, pero luego alzamos la mirada al techo y recordamos que debemos regar cuanto antes las plantas o leer un artículo interesante que guardamos hace dos semanas. Si todo va bien, llegaremos al deseo número ciento uno al cabo de varios meses, un año o puede que incluso más tiempo. Entonces ya no nos asombrará la velocidad ni la serie de increíbles coincidencias con la que se realiza lo que pedimos (¡haciéndonos retroceder continuamente en la numeración, maldita sea!), ni el esplendor poético de nuestras peticiones, ni su densa ligereza, ni su maravillosa sencillez. De repente, nos apetece volver a las páginas iniciales para borrar con furia los primeros puntos de la lista: solo ahora comprendemos que, en realidad, no nos los dictó el deseo, sino los condicionamientos externos. Empezamos por «quiero ser presidente de los Estados Unidos» y acabamos en «quiero mirar las estrellas en el mar estrechando la mano de mi amor»: ¿cuál de los dos nos hará más felices?

De esta forma, es inevitable comprender que usando los caprichos para aligerar los deseos, como sugería Epicuro (por suerte, aún no se habían inventado palabras como «optimizar» o «focalizar», pero el concepto sería más o menos ese) convertimos a Pitocles en un hombre rico y lleno de lujos, los más auténticos y menos previsibles, y nos alejamos de los desgraciados que siguen dando vueltas sin parar en la rueda de los hámsteres de las adulaciones. Pero esos son los *alios*, los demás: no tienen nada que ver con nosotros y casi no sabemos a qué se refiere Lucrecio cuando reprocha a esos locos que olviden lo rápido que pasa nuestro «pedazo de eternidad» (*hoc aevi quodcumquest*) y pierdan tiempo

> vagando sin rumbo,
> buscando la dirección de la propia vida;
> los que compiten en astucia,
> en los torneos de títulos nobiliarios,

esforzándose por abrirse camino de la mañana a la
noche,
con tremenda fatiga,
para elevarse a los honores de las grandes empresas
y ganancias.

Nosotros, por suerte, tenemos el cuaderno que nos sirve
de despertador y de brújula. Gracias a este instrumento
tan poderoso, por ejemplo, nuestro estimado director de
banco podría querer renunciar a varias horas de asesora-
miento extraordinariamente pagado para no perder los
ensayos de su grupo, ahora que por fin ha encontrado la
guitarra eléctrica en el sótano. Claro que esta decisión
tendrá sus consecuencias: deberá renunciar a una corba-
ta de seda y le costará invitar a cenar a su familia en un
restaurante prestigioso para celebrar el éxito de su primer
concierto en el pub que hay debajo de su casa; quizá
deba prepararse incluso para perder a algún viejo amigo,
incapaz de soportar el brillo que ha visto en sus ojos mientras abrazaba la guitarra antes de subir al escenario. Pero
basta informarse un poco para encontrar tabernas a pre-
cios realmente interesantes y para un hijo puede ser mucho más gratificante ver que su padre es un ser humano
feliz y realizado que comer una porción de paloma asada
que vale cincuenta euros.

A propósito de estrellas del *rock*: mientras nos regalamos una hora lejos de las redes sociales para sentarnos cómodamente en el sofá a añadir algún punto nuevo a la lista de deseos, después de haber atenuado las luces y desactivado el timbre del teléfono, ¿qué otra cosa podemos escuchar que no sean los *Caprichos* de Paganini? Maravillosamente locos, tan imprevisibles y arrebatadores como los ímpetus de nuestro corazón mientras los escuchamos, estas obras maestras musicales nacieron de la mente y de las manos de un auténtico genio del *rock'n'roll*. El mejor violinista del siglo XIX tocaba tan arrobado que cada vez que subía al escenario rompía las cuerdas con la vehemencia de su arco: a menudo solo sobrevivía la cuerda de sol, pero él no se desanimaba y lograba terminar los conciertos tocando solo esta. Una noche, después de una exhibición especialmente conmovedora, el rey Carlo Felice le pidió un bis: el artista, que estaba física y emotivamente agotado, le respondió con una frase caprichosa que ha pasado a la Historia: «¡Paganini no repite!».

Con todo, es bonito recordar que su índole salvaje no le impedía ser sumamente constante en el estudio de la música y en la práctica cotidiana del instrumento: esto le permitió sostener la inspiración y el talento musical con una excelente base técnica. Unos estudios recientes sugieren incluso que el secreto del increíble virtuosismo de

Paganini era el síndrome de Marfan, una enfermedad rara que afecta a los huesos de la mano, alargando los dedos y confiriéndoles una gran agilidad.

También nosotros, dentro de nuestros modestos límites, cuando logremos separar los deseos más auténticos de las miles de adulaciones y expectativas que nos bombardean, confiamos en poder tocar el placer exquisito de comprender que en la bolsa de las monedas de oro del corego, entre los instrumentos indispensables para realizar lo que hace brillar los ojos, encontraremos todo lo que somos, incluidos los que, durante mucho tiempo, hemos considerado defectos, además de los sufrimientos que hemos padecido, como enseña el budismo desde hace siglos.

A fin de cuentas, cuando se aferra una vieja lámpara de latón polvorienta y se frota con cuidado, ¿a quién recuerda la cara del genio que se nos aparece?

3

Búscate un mecenas (o dos)

El sabio que se enfrenta a las necesidades de la vida se muestra más dispuesto a repartir lo que tiene que a reclamar lo que le corresponde: gracias a la libertad (αὐταρκείας) ha conquistado un tesoro inmenso.

Epicuro, *Sentencias Vaticanas*

Al final de su vida, Peggy Guggenheim declaró en una entrevista que haber ayudado a emerger a Pollock había sido el éxito más importante de su carrera: más que la creación de una colección única en el mundo o la increíble influencia que logró ejercer en el panorama artístico de dos continentes.

Peggy era una heredera que representaba a la rama más necesitada (por decirlo de alguna forma) de una de las familias más ricas y poderosas de Nueva York. Después de divorciarse de su marido, quiso dedicar sus energías a una empresa acorde con sus pasiones y, entre fundar una editorial o abrir una galería de arte, optó por lo segundo por la única razón de que costaba menos. No ganó casi nada durante varios años, dado que había decidido crear su colección siguiendo el instinto en lugar del espíritu comercial, a pesar de que procedía de generaciones de comerciantes. Su primera galería representaba a artistas minoritarios como Picasso, Kandinski, Tanguy o Dalí, poco apreciados y a los que la cultura dominante consideraba insignificantes y ridículos, a tal punto que cuando París fue bombardeado, el Louvre no los creyó dignos de ser protegidos. Para ponerlos a salvo en los Estados Unidos, Peggy Guggenheim tuvo que embarcarlos en un avión acompañados de un albarán que los describía como papel pintado.

Cuando Peggy volvió a Nueva York en 1943 y vio por primera vez los cuadros de Pollock, no le gustaron. Pensó que la explosión de color y sufrimiento que el artista arrojaba en la tela carecía de belleza y armonía —al igual que los demás que ya habían tenido ocasión de ver la obra del carpintero alcoholizado y aficionado a la pintura, loco hasta el punto de arriesgarse con una forma expresiva que no se parecía en nada a lo que se había visto hasta ese momento—. Pero Piet Mondrian, uno de los artistas en los que más confiaba Peggy, le sugirió que mirara mejor los dos cuadros que Pollock había propuesto para el Salón de primavera y que ella había definido como tremendos y carentes de disciplina. A diferencia de la galerista, el pintor holandés no lograba apartar los ojos de ellos, porque sentía que estaba delante de «una de las cosas más apasionantes que había visto en América».

De esta forma, la mecenas, que estaba dando un vuelco decisivo al arte estadounidense de la segunda posguerra, agudizó el olfato y decidió poner a Pollock bajo su ala protectora, hecho que cambió profundamente la vida, tanto personal como artística, de este. Jamás le pidió que sometiera su arte a una disciplina, pero lo ayudó materialmente a ordenar su vida y su trabajo. Cuando Peggy le prestó el importe necesario para pagar el anticipo de una pequeña casa en Long Island y le asignó un sueldo de trescientos dólares al mes para que pudiera dedicarse en cuerpo y alma a su obra, el talento del pintor tuvo por fin la oportunidad de brotar y gracias a esto se convirtió en una estrella del arte contemporáneo en apenas unos años.

Elige bien a tus compañeros de viaje

En la historia de la humanidad se pueden contar con los dedos de una mano las personas que han dejado una huella tan reconocible que su nombre se ha convertido en una palabra corriente: una de estas es Gaio Cilnio Mecenas, el noble de origen etrusco que ayudó a Augusto en la construcción y gestión del recién nacido Imperio Romano. Según cuentan los historiadores, el emperador se fiaba tanto de los gustos de su amigo y consejero que acabó incluso acostándose con su mujer, Terencia. En cualquier caso, a Mecenas no debió de importarle mucho (quizá porque se consolaba con las atenciones del joven actor y poeta Batilo), ya que al final de su vida decidió nombrar a Augusto heredero de su inmensa riqueza.

Mecenas participó en la toma de numerosas decisiones cruciales para el imperio, pero pasó sobre todo a la historia por la manera en que ejecutó su papel de «ministro de cultura». En la antigua Grecia se habían dado ya grandes ejemplos de subvenciones o encargos estatales, como la transcripción bajo el dominio de Pisístrato de los poemas homéricos, que hasta esa fecha se habían conservado sobre todo gracias a la tradición oral, o la construcción del Partenón en época de Pericles, con todos los símbolos culturales que transmitían los frisos de Fidias, conforme al preciso mensaje político que se pretendía pasar al pueblo a través del arte. Pero Mecenas logró crear por primera vez una especie de salón literario compacto donde abundaban los intercambios, seleccionando un círculo de intelectuales capaces de crear para el imperio un *storytelling* tan poderoso que generó obras que han pervivido a lo largo de los siglos, iluminando también su nombre. Autores como Horacio y Virgilio, que se habían formado en la filosofía del Jardín, decidieron contradecir las enseñanzas de su maestro, que imponen el alejamiento de la política, y aceptaron de buen grado los consejos literarios, las bonitas villas campestres y las ayudas económicas que Mecenas les concedió para que pudieran dedicarse a escribir con plena calma epicúrea. Le correspondieron con su gratitud y con una amistad afectuosa: quizá no era del todo desinteresada, pero si se leen los testimonios, parece sincera. Por otra parte, Epicuro no se había opuesto al menos a esto: «Cualquier amistad es una ocasión que vale la pena aprovechar, aunque nazca de una necesidad de ayuda».

En su libro *Odas*, Horacio inicia precisamente con una poesía que invoca la protección del amigo y *patronus*, al que llama «mi sostén y mi dulce gloria»: por una parte le agradece la consistente ayuda material (*praesidium*), por otra el dulce *decus*, que evoca a la vez lo decoroso y lo decorativo, noble en el intento y espléndido en el resultado: la dignidad, el honor, la virtud, la gracia, la belleza y la gloria.

En otra de sus odas, el poeta se dirige a Mecenas enfermo y lo describe como la mejor parte de su alma, afirmando que no concibe permanecer en el mundo un día más que el que creyó en él y le concedió los medios para cambiar de vida, permitiéndole abandonar el aburridísimo trabajo de *scriba quaestorius* para dedicarse en cuerpo y alma a la poesía. Conmueve leer hoy sus palabras, sabiendo que, quince años después de haber escrito estos versos, Horacio cumplió su juramento extremo y murió justo dos meses después que Mecenas: el 27 de noviembre del año 8 a. C.:

> Ah, si una fuerza prematura
> me arrancara con violencia de ti,
> que eres parte de mi alma,
> ¿por qué debería seguir viviendo la otra,
> que no es tan dulce ni tan pura?
> Ese día tremendo arruinará a las dos.
> No tengo intención de violar el juramento
> que he pronunciado:
> en todos los momentos en que quieras precederme

iremos juntos, siempre juntos,
dispuestos a afrontar como buenos compañeros de viaje
hasta el último tramo de camino.

Lo más cómico es que, antes de hacer esta desgarradora declaración de amistad eterna, Horacio, como solía tener por costumbre, no perdió la ocasión de iniciar el poema con una frase elegante que podría ser de pura empatía: «¿No sabes que yo también sufro terriblemente cuando siento que no estás bien?», o de sugerir a contraluz una burla cordial: «¿Por qué no dejas de irritarme con tus achaques?». *Cur me querellis exanimas tuis?*

Por otra parte, no nos extraña, porque en nuestro caso sucede lo mismo. El buen amigo, el que sabe atinar con las palabras para tranquilizarnos cuando el miedo nos atenaza, apenas nos ve llegar con cara de funeral nos libera de la autoconmiseración y, para empezar, nos arranca una sonrisa. Solo después nos abrazamos y nos concedemos la atención y el consuelo que necesitamos. Estas personas son los pilares de nuestra existencia en los momentos más dolorosos o en los sorprendentemente felices y afortunados (así pues, las que nos ponen en ulterior dificultad con su carga de expectativas, halagos y nuevas responsabilidades).

Dependiendo de la fase de la vida en que nos encontremos, los *patrones* capaces de comprender y apoyar nuestros sueños en parte cambian de cara y de forma y en parte logran atravesar épocas, mudanzas, estilos de vida, ciudades y peinados de manera increíble, sin dejar de constituir en todo momento unos baluartes sólidos y alegres en nuestro mapa del mundo. Poco importa cómo los conocimos, pueden haber llegado a nuestra vida como amigos, padres, maestros, colegas, compañeros de clase o novios, pero, por lo general, siempre nos ayudan y nos animan de la misma manera. Los reconocemos porque, con frecuencia, sus palabras se nos quedan tan grabadas en la mente que las recordamos varias décadas después; porque podemos perdernos con ellos varios años sin aburrirnos ni distanciarnos jamás, en parte porque, con el tiempo, las cosas que nos gusta hacer juntos van aumentando; pero, por encima de todo, porque con ellos podemos ser nosotros mismos con absoluta libertad y sencillez. Descaradamente románticos, pensadores refinados e idiotas incontrolables, todo a la vez y quizá incluso en la misma conversación, en la que saltamos de un tema a otro como una bolita de *flipper* enloquecida.

Con *patrones* así a nuestro lado es evidente que realizaremos unas obras de arte extraordinarias, sea cual sea la forma que queramos dar a la poesía en nuestra vida. En función de sus posibilidades y de nuestros deseos, estos mecenas excepcionales nos harán unos regalos inestimables: unas vacaciones en el lugar con el que siempre hemos soñado, una hora cuidando de nuestros hijos para que podamos ir al curso de bonsáis, de natación o de pintura del natural, o, simplemente, estando a nuestro lado. Tan curiosos y apasionados como Peggy Guggenheim con los artistas de los que fue amiga y amante, evitarán darnos un programa de *storytelling* para que lo transmitamos con nuestra obra, como se solía hacer en la Antigüedad, pero observarán con sincero interés el fruto de nuestro talento como cuidadores de bonsáis, nadadores y pintores y, sobre todo, disfrutarán con nosotros de la alegría que esa actividad nos procura.

Una de las alegrías más grandes que puede reservarnos la vida es que los *comites*, los maestros inalcanzables, se conviertan en nuestros compañeros de viaje y podamos acercarnos como amigos e iguales al *patronus* que reviste también un papel de responsabilidad en nuestra vida. Cualquiera soñaría con poder entrar en el despacho de su jefe y explicarle por qué se ha retrasado en la entrega de un informe con la complicidad con la que Horacio se justifica ante Mecenas por no haber redactado siquiera la mitad del libro de los *Epodos*. El poeta empieza lejos, como se suele hacer en estos casos, farfullando vagas excusas de carácter mitológico y ultraterreno, pero acaba contándole todas sus desgracias amorosas sin ahorrarle los detalles y le da incluso un golpe bajo, cuando, para disculparse, no tiene reparo en aludir a la historia de Batilo, el joven amante que había hecho perder la cabeza a su amigo, como si pretendiera decirle: «Si no me entiendes tú…»:

Queridísimo Mecenas, me matas
preguntándome continuamente
cómo es posible que una pereza tan grande y dulce
haya podido inundar de olvido
mis sentidos hasta la médula,
como si, sediento, hubiera bebido con avidez
de las copas que incitan
el sueño de la omisión
del río Lete.
¡La culpa es de un dios!
De verdad, es un dios el que me impide
seguir adelante

con el libro de yambos que te prometí hace tiempo,

pero, lo juro, ¡hace mucho tiempo que empecé!

Dicen que no era diferente el fuego que abrasó a

Anacreonte de Teos por Batilo de Samos:

él no dejaba de llorar su amor

en la cavidad cóncava de la lira

sin lograr siquiera destilarlo en unos versos perfectos.

¡Tú también ardes, desgraciado!

Pero, al menos, puedes gozar de tu suerte,

porque la llama que te quema no conoce rival en belleza,

ni siquiera la

que incendió Troya y causó su asedio.

Mientras yo me tormento por una libertad…

llamémosla Frine,

a la que no le basta un solo novio.

Distingue entre un patrocinador y un escultor

Se dice que «un amigo es alguien que sabe todo de ti y que, a pesar de eso, te aprecia»: a los amigos en los que confiamos hasta el punto de conferirles el título de *patronus* podemos enseñarles con tranquilidad todo lo que está entre bastidores en nuestra vida, seguros de que, cuando el desorden sea considerable, nos ayudarán a limpiar sin juzgarnos jamás y de que, cuando llegue el momento, estaremos dispuestos a hacer lo mismo por ellos, alternándonos en los papeles de *patronus* y *cliens* todas las veces que queramos.

Es más, sabemos que, si un aspirante a *patronus* se niega obstinadamente a mostrarnos sus defectos o se ofrece con demasiada insistencia a ayudarnos a remediar los nuestros, cuanto menos nos acerquemos a él mejor: una forma segura de reconocer a un auténtico mecenas es comprobar si tiene el don de animarnos a mejorar sin pedirnos que cambiemos, porque le encanta cómo somos (aunque, a veces, nos cueste resignarnos).

Todos los demás son pigmaliones que, ya sea por disgusto o por temor de las personas de carne y hueso, solo se enamoran de aquellos a los que pueden moldear a su gusto, según su ideal abstracto, que, sin duda, es sumamente puro y hermoso, pero también inhumano: si la criatura a la que tanto adoran adquiriese realmente cuerpo, vida e iniciativa, se sentirían decepcionados:

A las cuales, porque Pigmalión
las había visto pasando su vida
a través de esa culpa, ofendido por los vicios que numerosos a la
mente femínea la naturaleza dio, célibe de esposa

vivía y de una consorte de su lecho por largo tiempo carecía.
Entretanto, níveo, con arte felizmente milagroso,
esculpió un marfil, y una forma le dio con la que ninguna mujer
nacer puede, y de su obra concibió el amor.

Ovidio, *Metamorfosis**

Deseamos, en cambio, la ayuda del que puede contribuir
a hacer florecer nuestro talento más auténtico, que, precisamente porque es auténtico, no parte de ninguna idea
preconcebida y que, con frecuencia, hasta a nosotros nos
resulta inimaginable. Igual que muchos padres de hoy en
día, el padre de Horacio invirtió todos sus ahorros de antiguo esclavo liberado para dar a su hijo unas oportunida-
des mejores que las que él había tenido, lo que permitió
a este viajar de Venosa a Roma y luego a Atenas para estudiar con los maestros más prestigiosos de su época. En
la actualidad, nuestro *sponsor* podrá pagarnos un curso
de perfeccionamiento en el otro extremo del mundo o
regalarnos toda su atención al teléfono, escuchando hasta
medianoche con pelos y señales el argumento de la novela que soñamos escribir o los progresos que hace el ca-
chorro que hemos acogido en nuestra casa. Cualquier ayu-

---

* Ovidio, *Metamorfosis*, traducción de Ana Pérez Vega, Biblioteca virtual
Miguel de Cervantes (*N. de la T.*).

da es importante para un artista y todos pueden participar con lo mejor que son capaces de dar. Lo esencial es no olvidar que *sponsor* deriva de *spondeo*, un verbo que no tiene nada de comercial y sí de sagrado: su raíz griega es σπονδή *(spondé)* y σπένδω *(spéndo)*, que indica, en primer lugar, las libaciones para los dioses, y en segundo, las promesas solemnes que acompañaban estos rituales. De hecho, de la misma raíz nace el término que describe el pacto sagrado por excelencia, el que une a dos esposos.

Como nos enseña también Harry Potter, la manera más eficaz de evocar a nuestro *patronus* cuando sentimos necesidad de él es cerrar los ojos y traer a la mente una imagen de absoluto bienestar: si al abrirlos marcamos el número de la persona que estaba con nosotros en ese momento, difícilmente erraremos en nuestro hechizo *expecto patronum*.

De esta forma, cuando terminemos nuestra obra quizá descubramos que, al final, nos da casi igual si el bonsái es perfecto o si, a pesar de nuestro esfuerzo, se parece más a la melena de Frank Zappa que al tesoro de un jardín zen: lo que llevamos en el corazón no es el resultado, sino el camino compartido.

El maestro Epicuro estaba más que convencido y, como siempre, con unas pocas palabras logra dar en el blanco en lo más profundo de nuestro corazón: cuanto más crece la conciencia de lo que somos, más moneda emotiva tenemos para «comprar la amistad» y cultivarla, sintiéndonos dignos de estar al lado de las mejores personas que conocemos y no sometidos a ellas. Por extraño que pueda parecer a nuestra sensibilidad (y puede que también a la del que tuvo el privilegio de escuchar estas palabras de su propia voz), parece que, cuando habla de amistad, Epicuro se divierte provocándonos con unos términos de claro significado práctico y económico, como παρασκευάζεται (paraskeuázetai, procurar) y κτῆσις (ktesis, riqueza, compra). Puede que lo haga porque le gusta zarandearnos para que recordemos cuáles son los valores más concretos y accesibles a los que podemos ambicionar.

> De todos los dones que la sabiduría puede poner a nuestra disposición (*παρασκευάζεται*) para que seamos lo más felices posible durante toda la vida, el mayor es, sin duda, la adquisición (*κτῆσις*) de la amistad.

Inventa una forma creativa de vivir una vida creativa

Hay que decir que los verdaderos artistas tienen un carácter fuerte, son unos insatisfechos por definición y no siempre se relacionan fácilmente con los mecenas que, a su manera, tratan de ayudarlos.

Si nuestro mánager es napolitano nos gustaría que fuera milanés (y viceversa), como en la memorable escena de la película *FF.SS. Cioè: che mi hai portato a fare sopra Posillipo se non mi vuoi più bene?**, en la que un jovencísimo Roberto Begnini interpreta al jeque Beige, un cantante que, de repente, pasa de tratar de labrarse un porvenir en las televisiones regionales a hacerse famoso, a tal punto que se siente autorizado a dar lecciones de éxito al zarrapastroso mánager Renzo Arbore - Onliù Caporetto y lo extenúa en todo lo que hace:

—Para empezar, si quieres tener éxito debes tener un gran mánager. Esto dice el jeque Beige.
—¿Cuál es el gran mánager? Es el que está call…
—¡Exacto!
—Es el que nunca interrumpe. El que jamás dice «exacto». Además, ¡debes ser septentrional! Cuanto más del norte seas, mejor. De Milán, de más arriba de Milán… ¡Suizo! ¡Conozco un mánager esquimal!

---

* *FF.SS. Es decir: ¿para qué me has traído a Posilipo si ya no me quieres? (N. de la T.).*

Por otra parte, no todos los Jackson Pollock de la historia han encontrado una Peggy Guggenheim dispuesta a amar y apoyar su obra de manera incondicional, y no todos los Horacios han tenido la capacidad (o el deseo) de aceptar los compromisos que conllevan las ventajas que les han permitido transmitir al mundo el concepto de *carpe diem*. Al contrario, a menudo los grandes innovadores se quedan solos y mueren sin tener la satisfacción de saber que alguien ha recogido el mensaje en la botella que lanzaron al agua un buen día.

Si nos encontramos en un periodo o en un contexto en el que tenemos la impresión de ser los únicos del mundo que ven las cosas de cierta manera y de que el que debería ocuparse de nuestra evolución material, espiritual o profesional no nos ofrece ni un gran *praesidium* práctico ni la dulzura del *decus* porque le cuesta comprender lo que somos y aquello en lo que podemos convertirnos, las cosas serán sin duda más difíciles, pero no imposibles.

Según nos enseñan muchos cuentos y relatos de aventuras, también los malos maestros que obstaculizan el camino pueden desempeñar una función importante en nuestro viaje. En ciertas ocasiones, su infatigable oposición es justo lo que necesitábamos para acabar de convencernos de hasta qué punto deseamos recorrer ese camino; en otras, en cambio, nos enseña con dureza, pero de forma indiscutible, que, simplemente, no estamos en el lugar que nos corresponde. En ese caso, lo mejor es deponer las armas y ahorrarnos las energías que malgastábamos en guerras inútiles y fatigosas: las necesitaremos para avanzar más rápido por el camino que de verdad nos pertenece, en el que nos sentiremos a nuestras anchas sin necesidad de esforzarnos en ser lo que no somos.

Basta recordar que, en cualquier fase de la vida, tenemos siempre los medios para ser, antes de nada, mecenas de nosotros mismos, administrando con sabiduría nuestros recursos y dedicando la máxima creatividad a decidir, sobre todo, cómo organizarnos de la manera más serena y positiva posible. Hoy más que nunca podemos tener la oportunidad de conseguir lo que deseamos si a los cincuenta años decidimos de buenas a primeras abandonar el insoportable trabajo de *scriba quaestorius* para cultivar el sueño de triunfar como autores de *thriller* o de iniciar una carrera de *youtuber*, pero en esos casos —a menos que tengamos una noble y acaudalada familia etrusca a nuestras espaldas— puede ser muy útil que antes nos preguntemos con sentido práctico qué renuncias estamos realmente dispuestos a afrontar; o mirar alrededor con una pizca de ironía para ver si encontramos a alguien que pueda echarnos una mano. En este sentido, la óptica epicúrea de aprovechar siempre la sabiduría que nos da la experiencia para «ser lo más felices posible» puede mostrarnos unos puntos de vista que jamás hemos considerado.

Enfrentarnos cada mañana a los papeles que abarrotan nuestro escritorio o al río en crecida que tenemos en la casilla de entrada del e-mail tendrá otro sabor si podemos entrever ya el curso avanzado de baile caribeño que nos espera por la noche y que no podríamos permitirnos si no tuviéramos ese trabajo. Cuando el jefe abra la puerta de nuestro despacho sin llamar para echarnos la enésima bronca gratuita, el mayor problema al que nos enfrentaremos será hacer el esfuerzo de oír, al menos, alguna palabra de su sermón y de permanecer compuestos en la silla mientras asentimos al ritmo de la bachata que suena ya en nuestra cabeza a todo volumen. Si no hiciera todo lo posible para resultar odioso, casi tendríamos ganas de sonreír de oreja a oreja a nuestro involuntario mecenas: hasta que no hayamos construido una alternativa válida solo podremos agradecerle el *praesidium* material que puede ofrecernos con su cheque a final de mes; en cambio, del *decus* podemos ocuparnos perfectamente solos.

SEGUNDA PARTE
Vive como un dios entre los hombres

4

Aparta a los que te hacen sufrir

Hay diferentes maneras de hacerse daño: algunos consiguen escribir el guion de sus vidas con golpes de escena trepidantes, persecuciones de infarto y unos antagonistas tan crueles que resultan incluso más fascinantes que los personajes positivos. El lado oscuro de la fuerza, cuando se expresa a su máximo nivel, puede generar unas figuras de increíble impacto emotivo.

Pero no todos sabemos poner en escena acontecimientos de tal fuerza dramática. Muchas veces solo somos capaces de contratar enemigos de segunda: tienen también muchas cosas buenas y no se puede decir que nos arruinen la vida, aunque consiguen que a diario nos resulte más fastidiosa y desagradable. Estos enemigos pueden tener rostro humano (que, para complicar aún más las cosas, con frecuencia nos resulta familiar o incluso pertenece a un ser querido) o encarnarse en ciertas situaciones que parecen estar siempre agazapadas a nuestras espaldas para perseguirnos donde quiera que vayamos con una precisión inquietante. En este sentido, nuestro maestro no ve ninguna diferencia:

> Alejemos de una vez por todas de nosotros las malas costumbres como si fueran personas que, si bien carecen de valor, han llenado nuestra vida de desazón durante mucho tiempo.

Epicuro casi suena esnob por la manera en que nos invita —con el habitual apremio— a tirar de nuestra casa a los que nos molestan, exiliándolos literalmente, como se solía hacer en aquella época: ἐκδιώκομεν, *ekdiòkomen*, significa precisamente eso y, por lo general, se usaba más en sentido político que personal. Habría podido derrochar adjetivos mucho más rimbombantes para alertarnos, pero para él las malas costumbres son φαύλας (*pháulas*) y las personas negativas πονηροὺς (*poneroús*): las dos son decadentes, deficientes, de escasa calidad, pero, a pesar de eso, pueden estropear nuestros días y apartarnos de nuestro objetivo de felicidad. Sabemos algo al respecto.

El mayor problema surge cuando no podemos culpar a nadie del lío en que nos hemos metido, conscientes, por si fuera poco, de que hemos cometido ya el mismo error cientos de veces. A propósito de errores, ya se sabe que incluso si hacemos todo lo posible para no «pisar la huella de otro» en nuestro camino, como nos enseña Horacio, nos resulta difícil esquivar las más peligrosas, que son, precisamente, las nuestras, que nos llaman con su vocecita imperiosa y con la monstruosa fuerza de la costumbre: «¿Adónde crees que vas? ¡Es por aquí! ¡Estoy seguro!».

La hazaña de experimentar otros caminos es ardua, entre otras cosas porque a menudo pensamos que hemos de acabar lo que tenemos en el plato, como nos enseñaron cuando éramos niños. Nasruddin, el sabio-bobalicón de la tradición sufí, muy parecido a nuestro Giufà siciliano (del que, según parece, es pariente lejano), sabe algo al respecto:

Nasruddin va a hacer la compra al mercado y ve una bonita cesta de guindillas rojas.

—¿Cuánto cuestan? —pregunta.

—Un dinar.

Mira tú por dónde, él lleva justo un dinar en el bolsillo.

Sigue caminando, pero el resto de la verdura es más cara, así que al final compra las guindillas y vuelve a casa. Al cabo de un rato, un vecino lo encuentra sentado a la puerta con el paquete de guindillas en una mano: se las está comiendo una detrás de otra, haciendo unas muecas atroces y llorando de dolor.

—Pero Nasruddin, ¿por qué te las comes? —le pregunta.

—¡Porque las he comprado! Me he gastado todo el dinero que tenía. ¡Tarde o temprano encontraré una dulce!

En esta historia, lo que hace estar mal al pobre Nasruddin no son las setas venenosas ni una pieza de fruta en mal estado: si se hubiera comido una dosis justa de guindillas, en lugar de utilizarlas para aplacar el hambre, estas habrían dado un buen sabor a su comida. Y, si de verdad no tenía nada más que llevarse a la boca, quizá debería haberse saltado una comida en lugar de engullirlas llorando porque se había gastado todo el dinero en ellas. No hay nada como un poco de ayuno para aprender a ser más previsor cuando se va a comprar al mercado.

Si subestimamos el auténtico sabor de lo que llevamos a casa y confiamos en que, después de tantas lágrimas, encontraremos una guindilla más dulce pescando de la misma bolsa, es muy poco probable que nuestro deseo se haga realidad.

Como dice un viejo proverbio siciliano, *Cu di sceccu ni fa mulu, u primu cauciu è du so*: si te engañas pensando que el asno es un mulo, recibirás la primera coz.

Pero cualquiera que haya intentado —una o varias veces, como suele ocurrir— dejar de fumar, hacer dieta o dar por terminada una relación tóxica, sabe lo difícil que es deshacernos con determinación y para siempre de las costumbres en torno a las cuales hemos construido la imagen que tenemos de nosotros mismos: no logramos separarnos de ellas porque, una vez apartadas, tenemos la impresión de que ya no sabremos quiénes somos ni quiénes son nuestros verdaderos amigos.

Abandona el camino trillado

Rudolph Steiner indicó un recorrido de seis ejercicios para cambiar nuestra vida y concentrar la atención en la realidad tal y como es y en aquello en lo que tenemos la libertad de convertirnos. Para animarnos a emprender la aventura de dar unos pasos aquí y allí, olvidando nuestras costumbres más *pháulas,* podríamos tratar de hacer el segundo de los seis, en apariencia muy sencillo, pero capaz de regalarnos muchas sorpresas mientras lo ejecutamos. Se trata de dedicar unos minutos cada día durante un mes a hacer algo por primera vez. Basta poco para salir del camino trillado de la rutina, que nos conforta y oprime al mismo tiempo, para recordar lo grande que es el mundo y lo inmensas que son las posibilidades de ser todo aquello que nos apetece ser, probándolas atentamente para decidir qué preferimos comer a mediodía para ser felices.

Para animarnos a realizar la empresa titánica que es enseñarle la puerta de la calle a nuestro enemigo más desleal y peligroso (la imagen de nosotros llorando con la bolsa de guindillas en una mano), podría resultarnos muy útil una banda sonora adecuada. Si viviera, Epicuro nos aconsejaría sin duda que pusiéramos a todo volumen *I will survive,* a ser posible en la versión *rock* de los Cake:

Go on now go, walk out the door,
Just turn around now,
'cause you're not welcome anymore,
Were'nt you the one who tried to hurt me with goodbye,
You think I'd crumble? You think I'd lay down and die?
Oh no, not I, I will survive,

Oh as long as I know how to love I know I'll stay alive,
I've got all my life to live; I've got all my love to give,
And I'll survive,
I will survive!

«Márchate ya, sal por esa puerta y no vuelvas jamás, porque ya no eres bienvenida. ¿No fuiste tú la que hizo todo lo posible para herirme cuando te marchaste? ¿Pensabas que lograrías destruirme? ¿Pensabas que moriría por ti? No, no, ¡yo lograré sobrevivir! Sé que seguiré viviendo al menos hasta que pueda amar. Tengo toda la vida por vivir y todo mi amor por dar, ¡así que ya verás cómo consigo sobrevivir!».

Se puede sobrevivir a todo, incluso a lo que éramos, enfrentándonos a esa pequeña muerte con la conciencia de que cada vez que conseguimos cerrar la puerta a espaldas de la persona que nos hace sufrir nos estamos regalando una ocasión de renacer. Nada se crea y nada se destruye, como enseñaba nuestro maestro y como nos dice Lucrecio en *De rerum natura*:

Así pues, cada ser que vemos no termina del todo, sino que la naturaleza recrea una cosa a partir de otra y solo acepta dar vida a lo que nace de otras cenizas.

5

Recuerda que debes morir

Sentado en un bonito descapotable en un concesionario de coches de Berlín occidental, el ángel Damiel mira a los transeúntes que caminan al otro lado del escaparate y que no lo ven, y confiesa a su amigo Cassiel su desgarrador y secreto deseo.

Basta, Damiel ha decidido que quiere renunciar al privilegio de la inmortalidad y convertirse en hombre para entrar de una vez por todas en el *aquí y ahora*. Está harto de deambular por las calles de la ciudad, aún dividida por el Muro, incorpóreo e invisible, limitándose a observar a las personas con las que se cruza: de hecho, los ángeles de la guarda pueden captar los pensamientos de los seres humanos, acompañarlos y consolarlos, pero su existencia feliz se desarrolla fuera del tiempo, en una dimensión abstracta donde carecen de contactos:

> Es magnífico vivir solo de espíritu y, un día tras otro, por toda la eternidad, testimoniar solo a la gente lo que es espiritual; pero a veces me pesa esta existencia y me gustaría dejar de fluctuar eternamente. Me gustaría sentir un peso dentro de mí que me privase de esta infinitud y me atase de alguna forma a la Tierra. Me gustaría poder decir a cada paso, a cada ráfaga de viento: «¡Ahora!», «¡Ahora!», «¡Ahora!», en lugar de «desde siempre» y «para siempre».

Es *El cielo sobre Berlín*, la emblemática película que Wim Wenders dirigió en 1987. Esbozando una sonrisa soñadora y placentera, Bruno Ganz-Damiel se acomoda feliz en el asiento del *spider* mientras enumera los lujos a los que está deseando dedicarse:

> Tener fiebre o los dedos negros por haber leído el periódico. No entusiasmarme solo con el espíritu, sino también por una comida, por el contorno de una nuca o por una oreja. Mentir… ¡descaradamente! Suponer, quizá, que lo sé todo. […] Y, de una vez por todas, experimentar lo que se siente al quitarse los zapatos debajo de la mesa y, una vez descalzo, desentumecer los dedos de los pies.

Como sucede con frecuencia también entre nosotros, después de tanto elucubrar, al final es el amor por una mujer el que lo empuja a hacer acopio de valor y a salir del sofisticado y etéreo mundo blanco y negro del espíritu, a bajar del Siegessäule, el enorme ángel dorado que se cierne sobre Berlín, y a entrar en el tiempo y en los infinitos colores de la vida real.

Quizá Epicuro pensaba en algo parecido cuando escribió que nuestra naturaleza mortal es «una idea agradable» o, mejor dicho, algo que tiene literalmente el poder de enriquecer nuestra vida.

En uno de los fragmentos más célebres de la *Carta a Meneceo sobre la felicidad*, para definir la alegría que debería causarnos la idea de tener que abandonar un día este mundo, nuestro filósofo emplea incluso la palabra ἀπολαυστὸν *(apolauston)*, de ἀπολαύω *(apoláuo)*: un verbo (vinculado a la misma raíz de la que derivará el latín y luego el castellano lucrar) que significa justamente sacar provecho de una situación, beneficiarse, ganar:

Acostúmbrate a pensar que la muerte no es nada para nosotros, porque todo el bien y todo el mal derivan de las sensaciones y la muerte consiste precisamente en la ausencia de sensaciones. Así pues, una vez aceptada la idea justa de que la muerte no es nada para nosotros, la mortalidad de la vida se convierte en pensamiento agradable (*ἀπολαυστὸν*): no porque este pensamiento alargue hasta el infinito el tiempo de que disponemos, sino porque nos libera del anhelo (*πόθον*) de ser inmortales.

Todos los seres humanos conocen el sabor del afán de inmortalidad, tan insensato y atormentador como el arrepentimiento, el amor o la nostalgia de lo que hemos tenido y no volverá (*πόθον, póthon*), un deseo rayano en el anhelo, como *longing* en inglés. La idea de la muerte, que para buena parte de la filosofía antigua es un eje fundamental de las reflexiones sobre la vida, es hoy en día y con frecuencia solo una idea molesta, angustiosa y antiestética, que debemos ahuyentar como a una mosca inoportuna en caso de que se asome a nuestra mente con ocasión de algún acontecimiento dramático.

Nos parece absurdo y horrible imaginar un tiempo en el que el mundo seguirá existiendo sin nosotros o sin uno de nuestros seres queridos, y los posibles remedios escasean; entre otras cosas, porque nuestra experiencia directa solo ha conocido las sensaciones con «todo el bien y todo el mal» que estas conllevan. Aquí es donde interviene el poder de la filosofía, que, en su mejor versión, nos brinda la capacidad de usar el pensamiento y la poesía como instrumentos de consuelo y de adhesión a la realidad en sus infinitas facetas. Al igual que Epicuro, Borges consideraba que los hombres pueden usar la conciencia de la muerte para ver el tiempo en su aspecto irrepetible, que le confiere un valor extraordinario:

> La muerte (o su alusión) hace preciosos y patéticos a los hombres. […] Entre los mortales, tiene el valor de lo irrecuperable y de lo azaroso. Entre los inmortales, en cambio, cada acto (y cada pensamiento) es el eco de otros que en el pasado lo antecedieron, sin principio visible, o el fiel presagio de otros que en el futuro lo repetirán hasta el vértigo. No hay cosa que no esté como perdida entre infatigables espejos. Nada puede ocurrir una sola vez, nada es preciosamente precario. Lo elegiaco, lo grave, lo ceremonial no vale para los inmortales.*

Esta imagen de eterno retorno muestra de forma sumamente clara la diferencia entre la filosofía que «vive solo de espíritu y, un día tras otro, por toda la eternidad, solo testimonia a la gente lo que es espiritual», elucubrando hasta el infinito sobre lo que es más noble, y la que, al contrario, nos invita a existir sin temer a la muerte ni a la vida.

---

* Jorge Luis Borges, «El inmortal», en *El Aleph*, Alianza Editorial, 2003 *(N. de la T.)*.

Una aceptación de «las cosas como son» que no es en modo alguno pasiva, al contrario, que nos permite recuperar el timón de nuestro tiempo y saborear como un don maravilloso la cerveza fresca que beberemos en la playa al atardecer la última noche de nuestras vacaciones, disfrutando más que nunca de la tibieza de la arena bajo nuestras posaderas y de las últimas gotas de rojo que se apagan en el mar; sin desperdiciar un solo instante pensando en el metro que nos espera en la ciudad. ¡Ya pensaremos en eso mañana! Es más, quizá mañana nos sorprendamos sonriendo como tontos, mientras mimamos el recuerdo y evocamos hasta la menor sensación física y emotiva, incluida la nostalgia, que habrá hecho ya aún más dulce e inolvidable ese momento, sin necesidad de «alargar hasta el infinito el tiempo de que disponemos».

Como dice Epicuro, la pequeña chispa de dulzura es un arma muy poderosa que podemos empuñar para combatir nuestros mayores miedos:

> De hecho, no hay nada aterrador en la vida para los que han comprendido de verdad que, en el fondo, no hay nada aterrador en el hecho de no vivir; y el que dice temer a la muerte es estúpido (μάταιος) [...]. Así pues, el más

espantoso de los males, la muerte, no es nada para nosotros, ya que cuando nosotros estamos la muerte no está;
en cambio, cuando llega la muerte nosotros no estamos.

Solo «los que han comprendido de verdad que, en el fondo,
no hay nada aterrador en el hecho de no vivir» pueden
aceptar la idea del final de unas vacaciones, de una relación
e incluso de la propia vida, tratando de hacer prevalecer la
alegría que nos ha procurado lo que hemos tenido sobre el
dolor que nos causa la pérdida. Entonces resulta evidente
que «no hay nada aterrador en la vida» y que, desde ese
punto de vista, debería ser mucho más fácil (al menos en
teoría) afrontar con valor las alegrías y los dolores que, de
forma inevitable, acompañan a una existencia vivida con
plenitud. El razonamiento epicúreo es tan nítido que al desgraciado que sigue siendo prisionero del miedo se le insul-
ta llamándolo insensato y, por tanto, estúpido: *mátaios!*
  Hoy en día es casi imposible sentir todos los matices
que debía de sentir el lector contemporáneo de Epicuro
en la expresión relativa al que no «ha comprendido de
verdad» su enseñanza (τῷ κατειληφότι γνησίως, *to kateilephóti gnesíos*). Más que una convicción intelectual,
κατειληφότι (*kateilephóti*), que deriva de καταλαμβάνω
(*katalambáno*), expresa la imagen del que agarra algo al
vuelo —de manera que, en sentido amplio, la intuye, la

realiza sin ningún esfuerzo— y, a la vez, la conserva: como hacemos con un sueño que no queremos olvidar o con una idea de la que no queremos desprendernos, porque la hicimos nuestra la primera vez que la oímos. De hecho, también «de verdad» (γνησίως, *gnesíos*, que deriva de la misma raíz del latín *genuinus*), significa en primer lugar legítimo por nacimiento y, por tanto, en sentido más amplio, genuino, puro, noble, sincero. Igual que los pensamientos más sencillos, que tienen el poder de sacar a flote lo que siempre hemos sentido en alguna parte.

Memento vivere

En la actualidad, estos razonamientos corren el riesgo de llegar a nosotros como las advertencias que el monje de la película *Solo nos queda llorar* dirigía en tono amenazador a Mario-Massimo Troisi: «¡Recuerda que debes morir!» y de que al oírlos sintamos el deseo de responderle como Troisi en la película: «¡Ahora me lo apunto!» al mismo tiempo que nos escabullimos para ejecutar nuestra mejor colección de gestos de conjuro (*apotropaicos*, como habrían dicho los griegos). No obstante, Wecroak, la app que te recuerda cinco veces al día que debes morir y que acompaña cada anuncio con citas sobre la alegría de vivir, está teniendo un gran éxito: dado que nos acordamos de tomarnos las pastillas a la hora justa, de pagar los impuestos antes de que finalice el plazo, de comprar papel higiénico cuando aún quedan unos cuantos rollos en casa (cosa que, a decir verdad, no siempre hacemos), no estaría mal que dedicáramos el mismo tiempo y esfuerzo a nuestra felicidad.

Por desgracia, nuestra vida alienada suele llevarnos con frecuencia al punto en el que no es nada fácil encajar en nuestras agendas cotidianas, abarrotadas de cosas, los ejercicios que nos recuerdan lo especial que es cada día y nos permiten bajar de vez en cuando de la cómoda Siegessäule en blanco y negro y de los «espejos incansables» de días y semanas casi idénticos, que vuelan envueltos en la pesadilla de la rutina. Muchas veces posponemos los momentos en que podemos dar espacio a la unicidad y al riesgo, a «lo irrecuperable y lo azaroso» que nos hace humanos, y llevamos mucho tiempo sin preguntarnos, como decía un anuncio publicitario, cuándo fue la última vez que hicimos algo por primera vez o que disfrutamos haciéndolo como si fuera la primera vez: es lo mismo.

Nos cuesta cuidar nuestro museo personal, como el que teníamos cuando éramos niños en una caja preciosa, donde guardábamos nuestros tesoros o aquello a lo que Orhan Pamuk dio vida exhibiendo los sencillos objetos que trazan el amor entre Kemal y Füsun, los protagonistas de la novela *El museo de la inocencia*: la historia cuyas etapas marcan como si fueran hitos los sacraliza y, por tanto, los convierte a todos los efectos en una obra de arte, como les sucede a las cosas de nuestra infancia.

Si no una habitación, podríamos dedicar a nuestro museo de la inocencia un pequeño rincón, ya sea una caja para los mejores pósits de amor pegados en los armarios de la cocina, un tablón donde colgar todo lo que suscita nuestra curiosidad o una página de Instagram donde contar con el corazón en la mano toda la poesía que vemos en el mundo. Lo importante es no dejar pasar ciertos momentos sin atribuirles la justa importancia, al menos en nuestro interior, para que no llegue un día en que digamos:

Fue el momento más feliz de mi vida y no lo sabía. De haberlo sabido, ¿habría podido proteger dicha felicidad? ¿Habría sucedido todo de otra manera? Sí, de haber comprendido que aquel era el momento más feliz de mi vida, nunca lo habría dejado escapar. Ese momento dorado en que una profunda paz espiritual envolvió todo mi ser quizá durara solo unos segundos, pero me pareció que la felicidad lo convertía en horas, años.

Orhan Pamuk, *El museo de la inocencia**

Podríamos hacer un esfuerzo y celebrar, por ejemplo, con un aperitivo discreto pero de categoría (con un brindis como se debe o incluso con un simple mensaje en *Whats-App*) el día más feliz del mes pasado o de esta semana, pero sin detenernos a contemplar las obras adquiridas y actuando con sentido práctico para que la colección permanente de nuestro museo tenga la continuidad que corresponde en el futuro.

Según nos enseña el ángel Damiel o nuestro maestro de yoga, en ocasiones basta respirar un poco y cambiar de perspectiva para volver a entrar en el fluir del tiempo, en lugar de combatirlo de forma vana y *matáion*. Cada uno de nosotros sabe cuáles son los lujos que preferimos concedernos para recordarnos lo hermosa que es nuestra condición de seres humanos: podríamos empezar comprando un billete para el destino donde queremos pasar de verdad nuestras vacaciones y no dejarlo para el próximo año, como hicimos ya el año pasado y el anterior, pero

---

* Orhan Pamuk, *El museo de la inocencia*, traducción de Rafael Carpintero, Debolsillo, 2009 *(N. del E.)*.

por hoy nos basta con gozar del viento que nos azota la cara mientras vamos en moto, con acordarnos de encender dos velas antes de darnos un baño caliente o con despertarnos media hora antes por la mañana para poder empezar el día con una pequeña ceremonia del té o con un abrazo más. Todo lo que consideramos «elegíaco, grave, ritual» se torna sagrado y por eso nos transmite una energía extraordinaria: siempre y cuando no se trate del confort que nos permite *contentarnos* (es decir, con rigor etimológico, «contenernos») y soportar mejor una vida que no nos pertenece, sino que, al contrario, sea un objeto precioso para regalar a nuestro ser más íntimo y auténtico.

Damiel, el ángel de *El cielo sobre Berlín*, vende su antigua coraza de bronce a un ropavejero y la cambia por una increíble cazadora de colores con la que empezará a recorrer las calles de la ciudad disfrutando de cada paso y de cada sensación. Antes de abrazar a Marion, sus extraordinarias aventuras como ser humano consistirán en aprender a silbar, calentarse las manos restregándolas cuando el aire es muy frío o beber un café.

Al final de la película, cuando ya es humano y está sumergido en un mundo abigarrado, Damiel ayuda a Marion a practicar una danza acrobática en una cuerda, mientras Cassiel los observa desde su rincón en blanco y negro, y luego regresa a la Siegessäle para contemplar desde lo alto el Muro lleno de grafitis. En cualquier caso, antes de optar por este final, Wim Wenders rodó otro, puede que menos poético, pero sin duda más epicúreo, en el que Cassiel decidía transformarse también en hombre: se presentaba con su coraza de bronce en el local donde Damiel y Marion acababan de conocerse, bebía con aire perplejo unos sorbos de cerveza y luego iba a la barra a saludar a su amigo.

¡Por fin juntos, por fin de carne y hueso, después de siglos de peregrinaciones celestes! Pero ahora, ¿qué puede hacer un ángel que se ha convertido en hombre para festejar de manera digna un encuentro tan importante y presentar con el debido respeto a su mejor amigo a la mujer que ama? Una batalla de tortas en la cara, por descontado.

Ofrece un xénion *a tus invitados*

Para los griegos la hospitalidad era sagrada, en el sentido más grave de este término, y se ajustaba a unos deberes y rituales precisos. Uno de estos preveía que el dueño de la casa debía ofrecer un don al huésped que había ido a verlo, un ξένιον (xènion) para agradecerle su visita.

Obsesionados por la perfección estética y por el culto de la eterna juventud, en nuestra época nos resulta bastante difícil afrontar el final de las cosas y, por tanto, ser capaces de despedirnos con amor del que ha participado con nosotros en aventuras épicas y en batallas de tartas inolvidables cuando nuestros caminos se separan, sin aferrarnos a la nostalgia o al rencor. Es importante que nos acordemos de dar las gracias, aunque solo sea con el pensamiento, al que ha bajado al menos un millón de escaleras ofreciéndonos el brazo (como recuerda Montale en los *Xenia* dedicados a la mujer amada), por haber pasado por nuestro lado y por haber caminado un trecho con nosotros, poco importa que sea un amigo, un compañero, el amante de una noche o un amor juvenil inolvidable.

Según nos enseña Epicuro, si comprendemos de verdad y aceptamos que, en el fondo, no hay nada aterrador en el hecho de no existir, nuestra vida será mucho más intensa y sabrosa. Nada en el mundo podrá arrebatarnos la alegría que hemos sentido. Siempre tendremos derecho a disfrutar del recuerdo de ese atardecer en el mar y podremos dedicar una sonrisa especial al color del trigo, igual que el zorro de *El principito*, saboreando también en cada sensación la compañía de la persona que, en ese momento y por la razón que sea, no puede estar a nuestro lado en carne y hueso. Celebraremos simplemente su presencia llevándola en el corazón y amando el mundo un poco más gracias a la magia que hemos compartido:

En las tardes azules de verano, iré por los rastrojos
picoteado por el trigo, a pisar la menuda hierba,
y entre mis pies sentiré, soñador, su frescura, dejando
que el viento bañe mi cabeza desnuda.

No diré nada, en nada pensaré:
el amor infinito me subirá hasta el alma,
y me iré lejos, lejos, como un bohemio cualquiera
por la Naturaleza, tan contento como una hembra.

Arthur Rimbaud, «Sensación»*

---

* Arthur Rimbaud, *Poesía completa*, traducción de Aníbal Núñez, editorial Visor, 1997 *(N. de la T.)*.

6

Invita a un café a un vecino

Ya se sabe que, a menudo, las sorpresas más agradables de la vida nacen de un contratiempo que nos obliga a saltarnos los habituales gestos cotidianos. En una sociedad frenética y caracterizada por el *horror vacui*, donde cada hora libre nos parece malgastada y consideramos casi inevitable programar cada instante de nuestro tiempo, lo imprevisto sigue siendo una de las maneras más eficaces de volver a encontrar algo o a alguien (como bien saben los guionistas de las comedias románticas).

Una canguro que falla y que nos obliga a pegar la hebra con la chica tan simpática del sexto piso, de la que no sabemos siquiera el nombre, con la esperanza de que nos pase el número del suyo; una tubería que se rompe de repente e inunda el piso de abajo, gracias a lo cual descubrimos que la señora elegante que sale siempre por la mañana a toda prisa del portal con el teléfono pegado a la oreja es mucho más amable e irónica de lo que parece. Cuando nos abre la puerta no nos amenaza con posibles consecuencias legales, como imaginábamos, sino que se encoge de hombros y comenta filosóficamente que ya se ocuparán del asunto los dueños de la casa y que, en el fondo, estas son las ventajas de vivir alquilados; nos pide que la ayudemos a poner una palangana en el pasillo hasta que llegue el fontanero y después nos invita a entrar a una cocina acogedora y llena de color para beber un café.

Una vez roto el hielo pueden surgir un sinfín de cosas que nos cambiarán un poco la vida: una pequeña confidencia imprevista que nos hace prolongar la conversación en el rellano sin preocuparnos por la bolsa de la compra; compartir la canguro, que permite a las dos familias ahorrar lo suficiente para pasar algún que otro día más de vacaciones, puede que hasta juntos; una cena dominical improvisada en la escalera después de haber saqueado las respectivas neveras con un maravilloso sentido de la intimidad y de pequeña trasgresión, o incluso una comida dominical como las de antaño. Ese día nos concederemos el lujo de rechazar otros compromisos, porque tendremos cosas más importantes que hacer: elegir con cuidado el mantel, pasar la mañana en la cocina preparando una receta especial y un poco difícil con la radio encendida a todo volumen y, por último, quedarnos sentados en la mesa con nuestros nuevos amigos charlando de esto y lo otro mientras comemos pastelitos y bebemos una taza más de café y alguien se levanta para poner al fuego otra cafetera. A fin de cuentas, ¿qué prisa hay? ¡Todos vivimos cerca!

A Epicuro le habría parecido inconcebible la cantidad de proyectos que han surgido *online* para animar a los vecinos a conocerse, como Social Street, que nació en Bolonia y que se ha extendido ya de Noruega a Brasil, de los Estados Unidos a Nueva Zelanda, y cuyo objetivo es aprovechar el poder de las redes sociales para favorecer una agregación real en los barrios, además de intercambios virtuales de información y contactos. Pero en su época tampoco debía de ser fácil estrechar relaciones de buena vecindad, teniendo en cuenta que Atenas, a raíz de los fastos de Pericles, había atraído a personas procedentes de toda Grecia y tenía decenas de miles de habitantes.

Será por esta razón que en una de las *Máximas capitales* nos aconseja tener en cuenta a las personas que viven cerca de nosotros, aunque sin dejar de seleccionar atentamente a aquellos a los que abrimos la puerta de nuestra casa como si fueran parientes estrechos:

> Quien logra dar y recibir una gran confianza de sus vecinos puede compartir con ellos una vida muy dulce, extraordinariamente sólida; además, a pesar de la absoluta familiaridad, uno no se aflige demasiado si estos mueren de forma prematura.

El concepto de que los vecinos son, en esencia, como los parientes con los que estamos menos encariñados, hasta tal punto de que podemos «llorar con un solo ojo», como se suele decir en el sur de Italia, cuando mueren, hoy puede parecernos realmente cínico, pero podemos aceptar la comparación epicúrea sin llegar tan lejos. Basta comprobar cómo cada vez más personas viven lejos de su ciudad de origen debido a los estudios o al trabajo, para aprovechar una oportunidad o, simplemente, por el placer de residir en cierto lugar, y en este contexto resulta más cierto que nunca que los vecinos se convierten en una red de protección insustituible, que nos hace sentirnos seguros y que corresponde a nuestra confianza (θαρρεῖν, tharréin) de forma agradable y extremadamente dulce (ἥδιστα, hédista).

Claro que no hay que olvidar que, por desgracia y al igual que los parientes, pocas veces podemos elegir a nuestros vecinos. Si nos va bien, puede que nos sorprenda la voz de una dulce joven cantando *Moon River* mientras se seca el pelo en la escalera de incendios del edificio, pero si las estrellas nos asisten un poco menos, nuestra jornada empezará con la habitual ráfaga de humo rancio al entrar en el ascensor (a pesar de todos los carteles admonitorios que hemos puesto), con los tacones de la pimpante señora de ochenta años que vive en el piso de arriba y que todos los fines de semana vuelve a casa al amanecer con su marido, después de haber pasado la noche bailando el tango, o incluso con una represalia legal debida a la disputa por varios centímetros de terraza.

Lo importante es resistir: al igual que sucede con la familia, no es posible eludir ciertas fricciones, pero, por suerte, estas no se producen a diario. Además, no se nos escapa que, en algunos casos, hasta la asamblea de vecinos más aguerrida puede presentar menos incógnitas, alianzas estratégicas y puntos en el orden del día que una comida navideña en casa de unos primos esnobs. El resto pertenece siempre al exclusivo y precioso dominio de nuestro libre albedrío: solo nosotros podemos decidir si media hora de charla sobre lo mucho que está tardando en llegar el verano, que luego estalla de repente, es tiempo perdido o ganado en la economía de nuestra jornada.

A propósito de economía, vivir en la época del estrés puede tener también sus ventajas, basta adecuarse un poco a los tiempos. Si, nada más salir de casa, vemos perfilarse en el horizonte al asesor fiscal insoportable que vive en el segundo piso, que no ve la hora de contarnos sus últimos análisis políticos, no hay ninguna razón que nos obligue a sucumbir a sus deseos o a intentar escabullirnos torpemente diciéndole que nos han concedido la tarde libre y que un amigo nos está esperando para ir a ver una exposición o para dar un paseo por el parque. Será suficiente poner los ojos en blanco, fingir una terrible crisis de ansiedad, sacar el móvil del bolsillo como si nuestra vida dependiera de ello y alegar que tenemos unos compromisos de trabajo atroces para ver cómo enmudece, retrocede al instante y nos cede el paso con el máximo respeto, mientras nosotros volvemos a meternos el teléfono en el bolsillo, nos ponemos unas gafas oscuras y nos dirigimos apretando el paso hacia la otra acera, que está bañada por el sol.

7

Sé más feliz
que un dios

El hombre más rico del mundo invita a su palacio al hombre más sabio del mundo. Después de haberle enseñado sus tesoros, con la típica sonrisita de complacencia del que se divierte «pescando cumplidos», como dicen los ingleses, le hace la fatídica pregunta: «Entonces, ¿quién es el hombre más feliz del mundo?».

Gracias a las *Historias* de Herodoto sabemos lo que sucedió en el encuentro entre Solón —quien, después de haber emanado las primeras leyes atenienses, estaba viajando por todos los países conocidos en esa época— y Creso, rey de Lidia, en la actual Turquía. La respuesta del sabio es desconcertante: sin vacilar, Solón contesta que Telo, un ateniense desconocido que había tenido una familia maravillosa, la estima de sus conciudadanos y una buena muerte. La riqueza ayuda sin duda a los hombres a vivir mejor, prosigue Solón, pero se necesitan otras cosas para aspirar a la auténtica felicidad, la que eleva del simple estado de una persona εὐτυχής *(eutychés*, el que tiene buena suerte, alguien al que, a fin de cuentas, las cosas le han ido bastante bien hasta ese momento) a la alegría divina que, a lo largo de una vida, puede convertir a un hombre en ὄλβιος ο μακάριος, *ólbios* o *makários*.

El griego antiguo tiene una cantidad impresionante de palabras para indicar cualquier cosa, incluida la felicidad. En uno de los fragmentos más importantes de la carta a Meneceo, Epicuro emplea dos: εὐδαιμονίαν *(eudaimonían)* es la felicidad que nos procuran los deseos necesarios cuando logran aplacar a nuestro inquieto *daim*ón interior —que no tiene nada que ver con un demonio, sino que es más bien un pequeño espíritu caprichoso o un joven dios capaz de llevarnos de las estrellas a los establos un día tras otro—; en cambio, μακαρίως *(makarios)*, el objetivo final de todo nuestro filosofar, nos promete una beatitud serena y duradera, similar a la de los dioses inmortales:

> Los deseos o son naturales o son vanos, vacíos; algunos de los naturales son necesarios, otros no. Entre los necesarios, algunos contribuyen a nuestra felicidad (εὐδαιμονίαν),

otros a la paz del cuerpo (ἀοχλησίαν), otros a la vida. La observación constante de los deseos nos permite llevar el timón en cada cosa que decidimos tener o apartar de nosotros, apuntando a la salud física y a la tranquilidad del alma (ἀταραξίαν): este es precisamente el objetivo de una vida beata (μακαρίως). Todas nuestras acciones se mueven gracias a este objetivo a fin de evitar el sufrimiento y la ansiedad.

Incluso la ἀοχλησίαν (aochlesían) de la que puede disfrutar el cuerpo cuando se satisfacen los placeres necesarios, más que el bienestar representa la imperturbabilidad; resulta curioso asociarla al cuerpo y no a la mente, al menos a primera vista. Pero después recordamos el día en que comimos frente al mar, gozando de la frescura de la sombra, con los pies descalzos, sintiendo los granos de arena esparcidos por el suelo y la ligera brisa que nos hizo entornar los ojos un segundo después de haber calmado la sed con un vaso de agua fresca: así el concepto resulta más claro:

> Nuestra carne grita pidiéndonos que aplaquemos el hambre, la sed, el frío: quien ha satisfecho ya estas exigencias o tiene buenas razones para confiar en hacerlo, puede desafiar a Zeus en felicidad.
>
> Epicuro, *Sentencias Vaticanas*

A propósito de divina felicidad, ¿qué se supone que debemos hacer si, después de haber calmado la sed con el agua, sentimos deseos de beber un vaso de vino o dos, puede que incluso con burbujas?

Desde la Antigüedad, el pensamiento epicúreo ha sido acusado de instigar a una vida desordenada e inmoral, casi lo contrario de las auténticas enseñanzas del maestro, que fue profundamente tergiversado durante mucho tiempo porque se atrevió a hacer algo que siempre ha agitado todas las sociedades: romper los esquemas.

En realidad, recomponiendo como un puzle filosófico los fragmentos de su pensamiento que están a nuestra disposición, la imagen que surge no aparece en modo alguno desarticulada, sino sumamente armoniosa y, hoy en día, más sensata que nunca. En un principio, Epicuro no nos impide nada, siempre y cuando respetemos a los demás y nuestro bienestar, que señala como fin último de una de nuestras acciones.

Los dioses con los que nos invita a pelearnos (μαχέσαιτο, machésaito) para determinar quién está gozando más son unos auténticos modelos de dulzura; no se parecen en nada a las figuras caprichosas del mundo homérico, sino que son «una sola cosa con sus correspondientes virtudes», las ἀρεταῖς (aretáis), una palabra que engloba muchos conceptos interesantes y entrelazables: las capacidades innatas de cada persona, la bondad y la alegría de vivir.

Para emular su esplendor, el camino que nos indica Epicuro es una especie de *decluttering* emotivo: para alcanzar la «tranquilidad del espíritu» (ἀταραξίαν, la famosa *ataraxían*, que conocía gracias a las enseñanzas de los maestros hindúes) es necesario «emanciparse de la pesadilla de las pasiones», como canta Franco Battiato. Entonces alcanzaremos la plena libertad y podremos ir de la sencillez más austera a las alegrías de la abundancia sin ser esclavos de ninguna de las dos:

> Aprendemos a atribuir un gran valor a la independencia: no porque sea necesario acostumbrarse a tener siempre poco, sino para ser capaces, cuando no podemos tener tanto, de contentarnos con lo poco que tenemos. De hecho, creemos profundamente que cuanto menos dependemos de la riqueza, más capaces somos de gozar de la dulzura de sus beneficios.

Advirtiéndonos sobre las posibles consecuencias y sobre los «costes ocultos» a los que, quizá, debamos enfrentarnos, en la carta a Meneceo el maestro Epicuro nos da sobre todo una gran lección de tolerancia y de libertad de elección. Cada uno de nosotros puede encontrar su manera personal de desarrollar las mejores *aretái* que le ha concedido la naturaleza, ya sea viviendo escondido, como aconseja el maestro, o subiendo a un escenario: entre otras cosas, es cierto que él vivió protegido de la vida pública y que se negó a hacer política, pero abrió a todos el Jardín para transmitir la visión del mundo en que creía. Allí se confrontaba y se reunía con todos los que querían entrar, sin aspirar nunca a la riqueza ni a la fama, sino solo a compartir su pensamiento, al que jamás renunció por la notoriedad. Igual que hacemos nosotros cuando, en lugar de un *selfie* en el que aparecemos con la boca de pato, enviamos a nuestros amigos la imagen de un anochecer o un vídeo que nos ha hecho reír, por la sencilla razón de que nos gustan, sin contar los *like*.

Si, en cambio, alguien arde en deseos de tener éxito, que le vaya bien, parece decir en una de las *Máximas capitales*. No obstante, cabe preguntarse qué está dispuesto a hacer para conquistarlo:

Ciertas personas han decidido ser famosas y admiradas por todos, pensando que así se sentirán más seguras que las demás; si de verdad han conseguido asegurar su vida de esta forma, se han procurado un bien acorde a la naturaleza.

Pero, rascando la superficie y recordando el desprecio con el que Epicuro suele referirse a las *dòxai* (las opiniones comunes entendidas como preconceptos que bloquean nuestro conocimiento correcto del mundo), sentimos la necesidad de reflexionar sobre el doble adjetivo inicial «famosas y admiradas por todos». ¿Por qué el autor, que siempre es tan parco a la hora de expresar su pensamiento, sintió la necesidad de añadir casi un sinónimo a lo que acababa de decir? Pero, si observamos con más atención, nos damos cuenta de que, en efecto, ἔνδοξοι (*éndoxoi*) no significa solo «famosas», sino también «conformes a la opinión general»; así pues, la primera línea podría traducirse de otra forma, de manera mucho más fluida y resuelta: «Con tal de tener éxito (περίβλεπτοι), ciertas personas se adaptan a la manera de pensar de los demás (ἔνδοξοι)».

Esta clave de lectura corresponde además perfectamente a una de las *Sentencias Vaticanas*:

Una vida libre no puede acumular grandes riquezas, porque no es fácil obtener un resultado semejante sin convertirse en mercenario al servicio del pueblo o de los poderosos.

Un pensamiento que parece sacado del periódico de esta mañana: podría hacer referencia a los gerentes en perenne *burnout*, esclavos de sus obligaciones y de las decisiones de sus superjefes, o de los que pierden todo sentido crítico y están dispuestos a aceptar cualquier compromiso con tal de lograr unos cuantos *like* más del célebre «pueblo de la red».

En cambio, a nosotros, que podemos tener la intención de vivir «una vida libre» y de aplicar las enseñanzas del maestro Epicuro, pero ningunas ganas de cerrar nuestras cuentas en las redes sociales ni de ir a vivir a una cabaña en un bosque renunciando a cualquier bien material, no nos resulta tan fácil encontrar hoy nuestro camino.

En parte porque comprendemos que la solución no es esa, porque, al final, los opuestos se tocan y representan dos caras de la misma moneda. Seguir al rebaño con la cabeza inclinada o de una parte a otra puede librarnos sin duda de la difícil tarea de «llevar el timón en cada cosa que decidimos tener o apartar de nosotros» y de tener que aceptar cada vez la responsabilidad de decidir en función de lo que nos hace sentir bien. Pero el precio que debe pagar el que no se atreve a personalizar un poco el guion de su vida es, precisamente, la libertad.

La *autarkéia* del hombre equilibrado (tanto si se entiende como independencia moral, autosuficiencia económica o, mejor aún, las dos) no guarda ninguna relación con el poder del reconocimiento social, pero tampoco con la ética del sacrificio a toda costa: se trata de dos jaulas de las que Epicuro nos invita con garbo a alejarnos o a entrar con ironía en caso de que puedan sernos útiles. Su enseñanza corresponde más bien a un refrescante sentido práctico, que sabe indicarnos en cada ocasión la justa medida que, más allá de las apariencias, puede traernos más ventajas que problemas:

> También en la renuncia hay un término medio y el que no considera este aspecto se enfrentará a problemas similares a los del que vive presa del desenfreno.

En otras palabras, como dijo uno de los discípulos que más habría amado el maestro del Jardín, el príncipe Antonio Griffo Focas Flavio Angelo Ducas Comneno Porfirogenito Gagliardi De Curtis di Bisanzio, de nombre artístico Totò: «Quien dice que el dinero no da la felicidad además de ser antipático es idiota».

Vive como un rey

Separarse de la masa de los *éndoxoi* para poder elegir con absoluta libertad lo que puede procurarnos una felicidad divina sin tener que «adecuarnos a la manera de pensar de los demás» significa a menudo tomar decisiones que a muchos pueden parecer contracorriente o incluso absurdas, como hizo Horacio, que prefirió instalarse en el campo a vivir en Roma. Cualquiera habría deseado el tenor de vida y las relaciones sociales que el poeta habría podido gozar en la capital gracias a la amistad que lo unía al emperador Augusto y a las personas más relevantes de su círculo, como Mecenas. Pero apenas tuvo ocasión, Horacio decidió pasar la mayor parte del tiempo en el campo, a dos pasos de Tivoli, donde podía escribir con tranquilidad y vivir con gran sencillez en compañía de sus amigos más queridos. Allí, lejos de la corte, se sentía como un rey:

> Vivo como un rey desde que abandoné
> las grandes cosas que todos eleváis a coro
> al séptimo cielo. Como un esclavo del templo
> que ha conseguido escapar,
> rechazo con desdén los pasteles votivos del sacerdote,
> porque me apetece el pan, que ahora
> vale más para mí que una tarta de miel.

Corresponde más o menos a la sensación que describe la actriz Leslie Parrish recordando sus primeros años en Hollywood en la novela de Richard Bach, *El puente hacia el infinito*:

> Tenemos que manejarnos con una moneda que tenga sentido para nosotros —dijo—; de lo contrario, todo el éxito del mundo no nos hará bien, no nos dará felicidad. Si alguien prometiera pagarte un millón de cualquier cosa por cruzar la calle, y los cualquier cosa no tuvieran ningún valor para ti, ¿cruzarías la calle?
>
> Aunque te prometieran cien millones de cualquier cosa, ¿qué? Yo pensaba así con respecto a casi todo aquello a lo que se le da mucho valor en Hollywood. Como si me estuviera manejando con cualquier cosa. Tenía todo lo adecuado, pero de algún modo me sentía vacía, no lograba interesarme. ¿Cuánto vale cualquier cosa?, me preguntaba. Vivía temiendo que, si seguía concertando citas, tarde o temprano ganaría el premio mayor de la lotería por millones de cualquier cosa.*

Lo que enriquece la vida de Epicuro no se cuenta, desde luego, en táleros ni tiene mucho que ver con la riqueza

---

* Richard Bach, *El puente hacia el infinito*, Ediciones B, 2004 *(N. del E.)*.

que ostentan «fulano y mengano», que son millonarios en el mundo de los táleros (o darían lo que fuera por serlo). Justo él, que fue uno de los primeros que abrió también las puertas de su Jardín a los esclavos, demuestra un esnobismo rayano en la violencia frente a los que pecan de conformismo y poca autenticidad:

> Los instrumentos que puede procurar el estudio de la naturaleza no sirven ni a los jactanciosos ni a los charlatanes, ni a los maestros por los que tantos combaten por escuchar; en cambio, forman personas satisfechas, independientes y orgullosamente conscientes del valor que tiene la riqueza que han acumulado, que no se compone de bienes materiales.

Triunfa más allá de las murallas del mundo

Solo la dulzura de una vida en la que dedicamos nuestras mejores energías a cultivar nuestras *areté* puede permitir a cada uno de nosotros «vivir como un dios entre los hombres», inspirándonos en uno de los dioses innominados y desapasionados que Epicuro nos indica como fuente pura de vida y de luz espiritual. Otorgando pleno espacio a nuestro libre arbitrio y prestando la máxima atención al

que trata de instrumentalizar en provecho propio el anhelo espiritual y poético que todos los seres humanos
llevamos en el corazón:

> Acostumbrados a considerar incorruptible, eterna y beata
> la imagen divina, según nos la traza la idea común, y a no
> asociarla nunca a algo que sea diferente de la eterna in-
> corruptibilidad o ajeno a la beatitud. [...] Los dioses sin
> duda existen y esta es una noción de clara evidencia, pe-
> ro no son como cree la mayoría de las personas. [...] De
> hecho, lo que muchos dicen de los dioses no nace de una
> idea innata sino de un falso prejuicio.

La poesía de Lucrecio encontró en estos pensamientos
una formulación fascinante, transfiriendo en visiones las
palabras esenciales de su maestro.

También él, tres siglos más tarde que Epicuro, vivió
en un contexto donde el poder político estaba estrecha-
mente vinculado a la religión, que con frecuencia se uti-
lizaba como un cómodo instrumento de control, aprove-
chando la gran ignorancia de un pueblo aplastado por
las supersticiones y por el temor a los dioses. Los mismos dioses que, al igual que su maestro, Lucrecio cele-
bra como fuente de alegría y de vida para el mundo: el
poema en el que expuso la doctrina epicúrea para los

romanos, *De rerum natura*, se abre con una dulcísima invocación a Venus, la afable diosa de la paz y de la abundancia. Esto no resta una pizca de fuerza a la rabia que suscitan en el autor los excesos a los que podía llegar la religión: para comprender bien qué podía significar para él este término debemos recordar que los antiguos no distinguían entre el poder temporal de los gobernantes y el poder espiritual. Lucrecio murió en el 55 o 50 a. C.; aún no había nacido en la lejana Palestina el hombre que se atrevió a proclamar la siguiente invitación: «Dad al César lo que es del César y a Dios lo que es de Dios». El imperativo ἀπόδοτε (*apódoton*) no solo significa dar, sino también realizar una tarea o devolver lo que se debe. Con esta frase Jesús separaba las dos esferas, lo que tuvo unas consecuencias enormes en la estructura de la civilización posterior, ya que proponía venerar a Dios con absoluta pureza, sin interferencias terrenales, como predicaba también la espiritualidad epicúrea.

A ojos de Lucrecio, la religión de su época era un instrumento de manipulación del que los poderosos se servían solapadamente para instigar a otros hombres a convertirse en verdugos en nombre de presuntas ideologías, que ocultaban intereses políticos o económicos: si bien este es un tema recurrente para el poeta, una de las historias más célebres y conmovedoras en la que estos pensamientos toman forma en sus versos es la de Ifigenia.

Para propiciar la caprichosa voluntad de los dioses y garantizar viento favorable a los barcos de la flota griega, que se disponía a zarpar rumbo a Troya, los adivinos deciden que es necesario sacrificar a la jovencísima hija del rey Agamenón, el capitán de la flota. Y él no se opone.

El mito se transforma en humano en las palabras del poeta, que nos hace percibir en directo los latidos del corazón de la joven, que, creyendo que camina hacia el altar donde se va a celebrar su boda, enmudece de repente consternada *(muta metu)* y se hinca de rodillas cuando comprende para qué van a servir los cuchillos que los sacerdotes intentan ocultar torpemente.

Algo parecido, quizá, a lo que debieron de sentir miles de personas, no en un mito, sino en la realidad, y en una época muy próxima a nosotros, cuando se dieron cuenta de que de la ducha a la que las habían acompañado para lavarse no salía agua sino el gas venenoso con el que se iba a cumplir la atroz promesa de libertad que figuraba en el cartel de bienvenida que había a la entrada del campo de concentración. O parecido a la mirada del que, una mañana cualquiera, se dio cuenta de que el piloto del avión donde viajaba no tenía previsto aterrizar en el aeropuerto de Nueva York sino chocar contra las ventanas de un edificio.

A tanta crueldad llevó a los hombres el fanatismo: *Tantum religió potuit suadere malorum.*

Para Lucrecio, el mayor mérito de Epicuro es haber proclamado por primera vez que los seres humanos son libres de asumir la responsabilidad de su vida y que los dioses solo son un modelo de alegría y perfección. El deseo de conocer, el valor de explorar la realidad superando los límites conocidos hasta entonces se convierten en las etapas de un maravilloso viaje de evolución cultural capaz de romper las cadenas de la ignorancia, las que transforman al hombre inconsciente en un esclavo en manos de los poderosos:

La fuerza vigorosa de su alma
logró prevalecer y avanzó
cada vez más lejos, más allá de las murallas del mundo
y de su llama.
Su mente y su alma
atravesaron todo el infinito:
desde allí, triunfador, sigue mostrándonos
lo que puede tomar vida
y lo que no; y revelarnos por qué motivo

todo tiene un campo de acción
limitado y un perímetro radicado
en la profundidad del mundo.

Disfruta de tu talento

Nuestro Epicuro triunfador nos ha hecho franquear las fronteras del mundo, regalándonos un mantra que podemos repetir siempre que sea necesario: «Cuanto menos dependamos de la riqueza, más podremos gozar de la dulzura de sus ventajas».

Conscientes de la realidad en sus aspectos más trágicos y en aquellos que más amamos, el mundo y nuestras *aretáis* nos revelarán su beatitud y su infinita belleza si logramos «llevar el timón de todo lo que decidamos tener o apartar de nosotros» abriendo los ojos más que nunca para poder recibir el fruto de la alegría presente.

Viretenn' bene, dicen en Nápoles: ¡Disfrútala!Un *carpe diem* sencillísimo, que podemos usar solo o extender a todo lo que nos procura alegría. Disfruta de ese abrigo tan bonito que tienes, porque hoy estás seguro de poder

disfrutar de él, quién sabe mañana. ¿Qué ganas dejándo-
lo en el armario?

Disfruta de tu talento, parece decir Horacio a su amigo Albio Tibullo, en lugar de ir por los bosques rumiando
una infinidad de pensamientos inteligentísimos, pero sin
concluir nada. Precisamente tú, que cuando quieres me
das unos consejos tan buenos, ¿a qué esperas para aferrar
la alegría y el éxito que mereces?

> Albio, tú que hiciste unos comentarios
> tan irreprensibles a mis poesías,
> a saber qué estás haciendo ahora por Pedo.
> ¿Has decidido escribir algo que haga palidecer
> las estupideces de Casio Parmense
> o vas arrastrándote sigilosamente por los bosques
> respirando aire bueno y elucubrando
> sobre las virtudes del género humano?
> Y pensar que hace tiempo no eras blando:
> los dioses te regalaron la belleza, la riqueza
> y también la capacidad de gozar de ellas.
> Una nodriza no podría desear nada mejor
> a su querido niño
> que saber lo que siente y ser capaz de expresarlo,
> además de tener gracia, éxito
> y salud en abundancia, una mesa bien puesta

y la bolsa repleta de monedas.

Abriéndote paso entre la ansiedad y la esperanza,

entre el miedo y la rabia,

trata de vivir cada día como si fuera el último:

los momentos de los que no esperas nada

te sorprenderán y te procurarán mayor alegría.

¡Si luego quieres reírte un poco, ven a verme!

Te acogeré en espléndida forma,

metido en carnes y bien acicalado:

un cerdo de la piara de Epicuro.

8

Sé joven y sabio

El mundo se divide en dos facciones contrapuestas: los que no abren durante meses el *banking online* y los demás, que se aterrorizan si no saben el saldo de su cuenta hasta el último céntimo. Tenemos una app para ver las previsiones del tiempo, los horarios del autobús, los partidos de cualquier campeonato de barrio, el camino más breve o la procedencia geográfica de nuestros quinientos seguidores en Instagram, de forma que cualquier decisión, ya sea grande o pequeña, se pueda basar en un análisis de contexto digno de una multinacional.

Solo hay un dato que no podemos conocer ni controlar antes de sopesar cómo emplear nuestros recursos: cuántos días de vida nos quedan. Epicuro nos sorprende de nuevo sobre esta cuestión, dando un vuelco al pensamiento más obvio sobre este asunto:

> Un viejo que ha vivido bien supera en felicidad a un muchacho: de hecho, el joven se encuentra en la flor de la edad, pero, como cambia de idea continuamente, vive a merced de la suerte. En cambio, para el anciano que ha arribado al puerto seguro de la vejez los bienes que en el pasado casi no se atrevía a esperar son inquebrantables y puede vigilarlos en la fortaleza de la gratitud.

Cuando escribió estas palabras, Epicuro no podía imaginarse que un día los seres humanos se habrían dotado de artilugios propios de superhéroes como el *bypass* y las gafas graduadas, que habrían tenido el valor de operar el cerebro de otro hombre o de intercambiarse los órganos vitales para poder seguir estando «en la flor de los años» cuando arriban al puerto de la vejez. En ese momento empezamos a comprender de verdad lo que queremos de la vida y podemos estar más preparados que nunca para volver a arrojarnos en brazos de la suerte, porque confiamos en la idea de que todo lo que hemos vivido y aprendido no solo merece nuestra gratitud, sino que además nos guiará en las próximas aventuras que estamos deseando emprender.

Al llegar a la edad en la que, en el pasado, habríamos sido unos plácidos patriarcas sentados a la cabecera de la mesa, rodeados de hijos y nietos, hoy volvemos a lanzarnos al ruedo con un nuevo reto profesional, celebramos un momento especial haciéndonos el primer tatuaje, tenemos los abdominales esculpidos por el *crossfit* y el gran problema de presentar a nuestra familia a nuestro nuevo amor, por el que desde hace meses pasamos las noches concentrados en la puntuación de los mensajes en *WhatsApp*, borrando y volviendo a escribir signos de exclamación y el emoticono con el beso en forma de corazón.

En cierto momento tuvimos la impresión de que los planetas se habían alineado para darnos estabilidad en todos los frentes, pero el viaje de nuestro barco por la balsa de aceite duró poquísimo, o quizá fueron los años los que volaron. Poco importa que la primera ráfaga llegara de repente o que nosotros abriéramos la ventana porque nos estábamos ahogando, el viento del cambio y de la inquietud no respeta la edad: puede azotarnos en cualquier momento para tirar por los aires nuestros proyectos y empujar nuestras esperanzas futuras en direcciones inimaginables. ¿Será bueno o malo? ¿Haremos el ridículo o tendremos la suerte de poder añadir otro periodo maravilloso y sorprendente a nuestro paso por este mundo?

Desde el punto de vista epicúreo nos encontramos frente a una decisión importante: ante nosotros se abren numerosos caminos y con frecuencia los extremos son los más obvios: la resignación por un lado y la tentación de la vía exclusivamente hedonista por otro. Como siempre, la enseñanza de Epicuro nos dice que la «vida dulce» es una pura cuestión de medida:

> No es posible vivir con dulzura si no cultivamos la inteligencia, la belleza y la justicia y, al contrario, es imposible vivir una vida inteligente, bella y justa que no sea además dulce. No existe otra manera de vivir una vida dulce.

Obviamente, lo mismo vale al contrario: solo la medida y la inteligencia pueden trazar la fina línea que determina si los instrumentos tecnológicos que usan los jóvenes son unas peligrosas armas de alienación social o superpoderes capaces de derribar cualquier barrera para ayudarlos a expandir el conocimiento, el diálogo y la curiosidad. Las generaciones más jóvenes son espabiladas (o se sienten desengañadas) y están bombardeadas de una forma inimaginable para sus padres y abuelos, que, a su vez, sueñan románticamente con un futuro mejor y se dedican a la propia felicidad haciendo un esfuerzo mucho mayor de lo que se consideraba aceptable para un «anciano» hasta hace muy poco tiempo. En este sentido, hoy más que nunca tiene sentido la provocación de Epicuro cuando afirma que la sabiduría y la búsqueda del placer —que considera la misma cosa— tienen diferente valor en cada fase de la vida. De hecho, la *Carta a Meneceo sobre la felicidad* empieza justo así:

> El joven no debe esperar demasiado para dedicarse a la filosofía, igual que el viejo, que ha dedicado ya mucho tiempo al estudio del alma humana, no debe cansarse de hacerlo: de hecho, nunca somos demasiado viejos ni demasiado jóvenes para ocuparnos de la salud del alma.

Pinta como un niño

A estas alturas nos resulta ya bastante fácil imaginar a qué se refería Epicuro cuando nos invitaba a ocuparnos de la salud del alma, de la mente y del corazón unidos en una sola palabra, la más fascinante de todo el vocabulario griego: ψυχὴ, *psyché* (los que practican yoga se alegrarán de saber que, en primer lugar, significa respiración). En la segunda parte de la vida, sobre todo, deberemos «aligerar los deseos» desprendiéndonos de estructuras y superestructuras para liberarnos de todos los lastres posibles y poder ocuparnos como corresponde de «los bienes que casi no nos atrevíamos a esperar en el pasado»: por ejemplo, la sabiduría, la integridad y la autenticidad, como dijo Jane Fonda poco después de cumplir ochenta años:

> Hoy vivimos, como media, treinta y cuatro años más que nuestros bisabuelos: así pues, a la duración de nuestra existencia se ha añadido una segunda vida adulta. Sin embargo, nuestra cultura sigue representando nuestra vida como un arco: se nace, se alcanza la cima y luego se cae en la fase del declive, de la edad decrépita. No obstante, hoy en día muchos filósofos, artistas y médicos están empezando a considerar desde otro punto de vista las últimas tres décadas de vida, que a mí me gusta llamar «el tercer acto» [...]
>
> En mi opinión, la metáfora más adecuada para expresar el avance de la edad no es un arco, sino una escalinata: la elevación del espíritu nos acerca cada vez más a la sabiduría, la integridad y la autenticidad. En este momento me encuentro en la mitad de mi tercer acto y me doy cuenta de que jamás he sido tan feliz.

Para los antiguos egipcios, cuando terminaba el tercer acto, la *psyché* del difunto se enfrentaba a la prueba más difícil: su peso se comparaba con el de una pluma. El alma solo era aceptada entre los justos si los platos de la balanza estaban equilibrados.

Lograr que retrocedan las emociones puras y absolutas de la juventud sin renunciar a todo lo que nos han enseñado los años y las arrugas —o viceversa, expresar toda la sabiduría de nuestra madurez interior sin perder el impulso de nuestra juventud— es un ejercicio perfecto para mimar a nuestra *psyché* y curarla de todos sus males. De esta forma, podremos volver a bailar como locos en la sala o pintar la paloma de Picasso: la única regla es que nos baste realmente poco, porque en ese poco debemos meter todo lo que tenemos.

Según parece, Picasso (que se jactaba de haber necesitado una vida para aprender a pintar como un niño), respondió sin inmutarse a quien lo acusaba de pedir una cifra demasiado elevada por un retrato que el artista había pintado en unos minutos: «Señora, la verdad es que me ha llevado toda la vida hacerlo».

Claro que el riesgo que existe si nos concedemos el gran lujo de volver a ser primitivos o aficionados en algún aspecto de nuestra vida (volviendo a ser una joven promesa cuando tenemos todo el derecho a estar cómodamente instalados en la cátedra de venerado maestro) es que el resultado no siempre esté a la altura de una exposición personal en el MoMA y que, con frecuencia, sea más interesante para nosotros que para los que nos rodean. Los entendemos, por supuesto, y lamentamos no poder entretenerlos con algo más sublime, pero no podemos hacer nada al respecto y confiamos en que no tarden mucho en resignarse. En cuanto a nosotros, estaremos demasiado ocupados haciéndonos un *selfie* abrazados a nuestra *psyqué* para preocuparnos de verdad de los resultados, como nos enseña David Sedaris en *Mi vida en rose* cuando nos cuenta cómo fueron sus primeras lecciones de francés cuando se instaló por amor en París:

Estábamos a mediados de octubre cuando la profesora me llamó la atención diciendo: «Cada día que paso contigo es como sufrir una cesárea». Y me sorprendió que, por primera vez desde que llegué a Francia, era capaz de comprender todo lo que alguien me decía.

Comprender no implica que de repente puedas hablar el idioma. Ni mucho menos. Es un pequeño paso, nada más, aunque sus recompensas son a la vez adictivas y decepcionantes. La profesora prosiguió con su diatriba y yo me apoltroné, empapándome de la sutil belleza inherente en cada nueva maldición e insulto.

—Tu estupidez me agota, me esfuerzo contigo y lo único que obtengo es dolor, ¿me entiendes?

El mundo se abrió ante mí e, impulsado por una gran alegría, respondí:

—Sé lo que me está diciendo ahora. Hábleme más, por favor, plus, por favor, plus.*

---

* David Sedaris, *Mi vida en rose*, traducción de Toni Hill, Literatura Random House, 2003 (*N. de la T.*).

9

Concédete un banquete

Timócrates, hermano de Metrodoro y discípulo de Epicuro, después de haber dejado la escuela escribió, en una obra titulada *Cosas alegres*, que a Epicuro le gustaban tanto los placeres de la comida que vomitaba dos veces al día y que le costó mucho escapar de la filosofía nocturna y de la secta de iniciados.

Esto es lo que cuenta Diógenes Laercio, pero a continuación se apresura a defender a su filósofo preferido y a corregir a sus detractores. Especifica que, en cambio, Epicuro y los amigos que este acogía en el Jardín «llevaban una vida muy sencilla y frugal. Se contentaban con una taza de vino barato, pero normalmente solo bebían agua». Para probarlo cita un fragmento de una carta del filósofo:

Mándame un cuenco de queso para cuando tenga ganas de derrochar.

Una moderación que va irónicamente acompañada del placer, al que, según Epicuro, deberíamos destinar todos nuestros pensamientos, con una conciencia alegre que hoy denominaríamos *mindful eating*.

Quién sabe qué pensaría el maestro Epicuro de nuestra vida rica y evolucionada si pudiera vernos cuando engullimos pan y ansiedad en diez minutos delante del ordenador, mientras respondemos e-mails; cuando, al finalizar el día, nos sentimos tan agotados que nos consolamos con un vasito de helado o con otro plato de insípido *sushi all you can eat*; cuando dedicamos más tiempo a seguir en las redes sociales lo que comen los demás en lugar de cocinar para nosotros. Entre otras cosas porque, cuando tenemos ocasión de beber una copa de vino en un lugar bonito acompañados de alguien al que queremos, el momento nos parece tan especial que no podemos resistir la tentación de gritarlo a los cuatro vientos.

Con todo, muchos de nosotros estamos volviendo a prestar a nuestro estilo de vida la atención con la que nuestras abuelas elegían y preparaban la comida, al igual que a las costumbres de la vieja dieta mediterránea; poco importa que lo hagamos por libre elección o por el sinfín de alergias e intolerancias que nos afligen.

No tenemos pruebas de que, además de la filosofía, los huéspedes del Jardín de Epicuro cultivaran también un huerto. Pero es bastante plausible que su alimentación se asemejara bastante a la que hoy en día nos sugieren los dietólogos más vanguardistas: muchas verduras de temporada, cereales integrales, un «cuenco de queso» para darse la buena vida de vez en cuando y un poco de pescado cuando no reparamos en gastos. En los textos de Epicuro que han llegado hasta nosotros nunca se cita a nadie comiendo carne: es probable que esto no se debiera a una decisión precisa (como era, en cambio, el caso de los pitagóricos, que creían en la reencarnación y se negaban a matar a otros seres vivos) sino a la circunstancia de que en ese contexto debía de ser muy raro. Sobre todo para los que abrazaban de manera plenamente consciente un camino de «disminución feliz».

El *mindful eating* de Epicuro constituye una de las raíces más profundas de su pensamiento, un ejemplo luminoso y constante por sus delicadas provocaciones sobre la manera en que podemos aprender a gozar de los auténticos placeres de la vida, el ἡδονή, *hedoné*, que es dulce por naturaleza, como revela su raíz semántica ἡδύς, *hedýs*, que significa precisamente «dulce», que nutre el cuerpo y el alma sin ninguna contraindicación. En la *Carta a Meneceo sobre la felicidad* le basta una frase para resumir las ventajas de la moderación cuando se desea fortificar el cuerpo y la mente:

> Acostumbrarse a vivir entre las cosas sencillas, con un estilo de vida nada suntuoso, enriquece nuestra salud y libera al hombre del miedo a los momentos difíciles que la vida le puede deparar; nos hace más fuertes en los intervalos en los que llega la abundancia y nos prepara para ser valientes frente a las sorpresas del destino.

Es inevitable estar de acuerdo sobre este punto: cada vez comprendemos mejor que la *autárkeia* a la que suele invitarnos Epicuro es la capacidad de pasar sin inmutarse de la pizzería de la esquina a un restaurante prestigioso eligiendo en cada ocasión lo que podemos permitirnos en función de nuestra salud y nuestra cartera y sintiéndonos a gusto en cualquier caso. Conscientes de que no son los lugares que frecuentamos ni el tenor de vida alto o bajo que vivimos los que determinan la persona que somos: él lo denomina valor, nosotros podemos llamarlo simplemente libertad.

En cambio —condicionados por décadas de bollería y por decenas de programas de *Masterchef*—, nos cuesta tomar como modelo otros pasajes que en la actualidad pueden resultarnos demasiado severos si olvidamos que no deben servir tanto como ejemplo teórico sino como guía práctica:

> Los sabores sencillos procuran el mismo placer que los más refinados, el agua y un pedazo de pastel son un placer exquisito para el que carece de ellos.

Aquí nos conviene pensar que Epicuro solo nos está animando con su delicada ironía a reflexionar sobre la atención que prestamos a lo que ponemos en la mesa, que debe apuntar siempre a nuestro bienestar. Disfrutaremos de un placer refinado, sublime, casi orgásmico *(τὴν ἀκροτάτην ἡδονήν, ten akrotáten hedonén,* «el placer más elevado») si elegimos con cuidado la mejor manera de recordar que somos literalmente lo que comemos y de nutrirnos en función de nuestras necesidades reales, no de aquellas a las que nos induce la publicidad.

Es probable que, con su invitación a la sencillez, Epicuro pretendiera algo muy similar a las indicaciones que la gurú de la película *Come, reza, ama* da a sus discípulos en un *ashram* hindú para ayudarlos a aligerar el cuerpo y la mente de una digestión pesada, que, por lo general, no facilita mucho la meditación (a menos que se pretenda alcanzar el estado de trance precomatoso que conoce el que ha presenciado, aunque solo sea una vez, una comida dominical de cierto nivel preparada, quizá, por una madre pullesa o napolitana):

> Hora de cenar. Me siento sola, tratando de comer con lentitud. Nuestra gurú nos anima a ejercitar la disciplina a la hora de comer. Nos exhorta a no atiborrarnos y a no tragar como desesperados para no apagar los fuegos sagrados de nuestro cuerpo tirando a toda prisa demasiada comida a nuestro aparato digestivo. (Estoy convencida de que mi gurú jamás ha estado en Nápoles). Cuando un estudiante va a verla para protestar porque le parece difícil meditar, ella siempre le pregunta cómo digiere. Es lógico que te cueste resbalar con ligereza por la transcendencia mientras tus vísceras combaten contra una pizza con salchichón, medio kilo de alitas de pollo fritas con salsa picante y tres pedazos de tarta de coco.

No sabemos si en los textos perdidos de Epicuro se aconsejaba «dar bocados pequeños», «masticar bien, porque la primera digestión tiene lugar en la boca» o «no atracarse, porque la sensación de saciedad se produce veinte minutos después de haber acabado de comer». En cualquier caso, es interesante resumir las normas filosóficas y nutricionales que emergen de lo que disponemos:

> Lo insaciable no es el estómago, como dicen muchos, sino la falsa opinión de que el estómago se puede llenar hasta el infinito.*

Esta máxima de las *Sentencias Vaticanas* debía de ser especialmente tridimensional para sus alumnos, dado que, con toda probabilidad, muchos de ellos conocían bien a Homero: de hecho, la imagen del estómago insaciable evoca de forma precisa un pasaje de la *Odisea*.

El rey Odiseo ha conseguido regresar por fin a Ítaca después de veinte años de guerra y peregrinación. Para que pueda entrar en su palacio de incógnito y averiguar lo que está sucediendo, nada más poner el pie en la isla Atenea transforma al joven héroe en un viejo decrépito,

---

* Todas las citas de la *Odisea*, Homero, pertenecen a la traducción de José Luis Calvo Martínez publicada por Ediciones Cátedra, 2006 *(N. de la T.)*.

irreconocible para los que lo vieron partir. Dado que tiene que entrar en su casa, donde se está preparando un banquete en honor de los odiados pretendientes —que asedian a su esposa Penélope para que acepte casarse con uno de ellos—, a Odiseo se le ocurre disfrazarse de mendigo. Viejo y zarrapastroso, sigue al porquero Eumeo, que se dirige hacia el banquete, suscitando el desprecio de los que lo ven pasar. Menantio, el pastor de cabras, que no sabe que tras los harapos del extranjero se oculta el rey, lo tilda abiertamente de gorrón:

«Pero ahora que ha aprendido esas malas artes no querrá ponerse a trabajar, que preferirá mendigar por el pueblo y alimentar su insaciable estómago».

De aquí nace la imagen que evoca Epicuro: el estómago insaciable solo es una de nuestras opiniones falsas, al igual que era falsa la condición de pordiosero glotón del hombre que vio pasar el pastor Menantio. Si queremos, somos perfectamente capaces de encontrar la justa medida con la compostura y la nobleza de un rey como Odiseo (que, entre otras cosas, durante el banquete tuvo ocasión de demostrar su vigor y de salir triunfante en el combate contra los pretendientes, después de una larguísima secuencia, digna de una película de acción de superhéroes).

Nada que ver con la cómica torpeza del que se abalanza sobre la comida con el ímpetu de un náufrago recién salido de *La isla de los famosos* o de uno de aquellos a los que los arqueólogos llaman *padded dancers*: los artistas cómicos que ya en el siglo séptimo a. C. entretenían a los invitados de los banquetes bailando con un relleno en la barriga y el culo, símbolo del apetito desmedido, que era justo lo contrario de la moderación que pretendían y practicaban los círculos más elegantes del mundo griego.

Prepara con esmero el plato principal

En la época de Epicuro, Atenas vivía un momento de crisis, de forma que la moderación correspondía más bien a una real escasez de recursos. En cambio, el mundo en el que se movió Horacio era propenso a los excesos y el desenfreno, sobre todo en los ambientes más acomodados. A pesar de que nació casi un siglo antes que el misterioso *Petronius arbiter*, Horacio parece anticipar el profundo desprecio y la mofa con los que el autor del *Satiricón* describirá la cena de Trimalción, una obra maestra del *kitsch* propio de un goloso e ignorante nuevo rico.

Orgulloso de haber elegido el *downshifting*, nuestro «cerdo de la piara de Epicuro» alardea en una de sus cartas de haber invitado a un amigo rico y poderoso a una cena en la que el plato principal será la conversación:

Si eres un huésped capaz de arrellanarte
en uno de los incómodos lechos fabricados por Arquia,
y no te asusta la idea de una cena a base de
verduras, servida en platos carentes de valor,
Torcuato, te espero en mi casa al atardecer.
Para beber encontrarás un vino trasegado
durante el segundo consulado de Tauro,
en la zona que se encuentra entre la cenagosa Minturna
y Petrino di Sinuessa.
Si tienes algo mejor,
preséntalo en juicio;
de otra forma, tendrás que soportar de buen grado
mi tiranía.

Según afirma el poeta, la casa está como los chorros del oro. Los platos son sencillos, pero uno puede mirarse en ellos; al día siguiente es fiesta, de manera que podrán quedarse hasta muy tarde, beber lo suficiente para divertirse y prolongar la conversación, sobre todo porque los amigos son los adecuados. Torcuato era un abogado importante, de los que suelen llevarse el trabajo a casa o salir del bufete a altas horas de la noche, de forma que Horacio, que lo conoce, concluye la carta aconseján- dole que, llegada cierta hora, se escabulla por la puerta posterior de la casa donde recibe a sus clientes. Así podrá engañar a la gente que aún lo estará esperando en el atrio y llegar a tiempo a algo mucho más importante: sus ami- gos, que lo aguardan para hacer el primer brindis.

10

Brinda a la salud de tus enemigos

Nunc est bibendum, nunc pede libero
pulsanda tellus, nunc Saliaribus
ornare pulvinar deorum
tempus erat dapibus, sodales.

«¡Amigos, ha llegado el momento de beber! ¡Tenemos que hacer retumbar la tierra con nuestro baile desenfrenado, ahora, y afanarnos para llenar el templo de fantásticos banquetes, dignos de los de los sacerdotes salios!».

La razón por la que Horacio parece tan entusiasmado en esta oda de invitar a los *sodales* a lanzarse a las celebraciones más desenfrenadas no es social sino política: la noticia de la muerte de Cleopatra representaba el final de la amenaza de que Roma —que después de la muerte de César estaba viviendo un periodo de gran fragilidad— fuera anexionada por Egipto, una riquísima superpotencia en aquella época.

El homenaje a Alceo, el antiguo poeta griego que había caído en el olvido y que Horacio recuperó para sus contemporáneos, empieza con unos versos empalagosos. La oda evoca con fidelidad, tanto en el contenido como en la métrica, sumamente vivaz y ritmada, además de en el sonido inicial (*nunc est bibendum* en latín, νῦν χρῆ μεθύσθην, *nyn chre methýsthen* en griego), los pocos versos que habían sobrevivido, en los que Alceo invitaba a «emborracharse y beber con desmesura» (πὲρ βίαν, *per bían)* para brindar por la muerte de Mirsilo, el tirano de Mitilene.

En los dos casos, más que una invitación es casi una imposición. De hecho, Horacio insiste en que celebrar es una necesidad casi divina y lo subraya con la solemnidad de la perifrástica pasiva: *nunc est bibendum!* Pero eso no es todo: con un espíritu quizá un poco más proclive al placer de lo que le habría gustado al maestro, recalca la importancia de beber, bailar y comer lo que se quiera y, además, de hacerlo ya: el *nunc*, repetido tres veces en el éxtasis dionisíaco del fragmento, martillea y nos envuelve en un hechizo irresistible y contagioso.

La obra de Alceo, al igual que la de Safo, Alcmane y otros poetas griegos, se perdió casi por completo; de hecho, del poema citado por Horacio solo han sobrevivido dos versos:

νῦν χρῆ μεθύσθην καί τινα πὲρ βίαν
πώνην, ἐπεὶ δὴ κάτθανε Μύρσιλος.

«Hay que emborracharse enseguida y todos deben beber con desmesura, porque Mirsilo ha muerto». No sabemos mucho del tirano de Mitilene, que murió a principios del siglo VI antes de Cristo, a diferencia de lo que sucede con la historia de Cleopatra, uno de los personajes más fascinantes y famosos de la historia antigua.

Los amores y la muerte de la última reina de un periodo glorioso de la historia egipcia, compañera de Julio César y luego de Marco Antonio, que se alió con ella para combatir contra Roma, han inspirado a poetas y artistas. No obstante, quien sienta curiosidad por ver con sus propios ojos la cara que hizo enloquecer a los hombres más importantes de su época debería abstenerse de echar un vistazo a las estatuas que aparecen en Google Imágenes. El despiadado realismo de la escultura romana nos presenta unos rasgos duros y voluntariosos, que poco tienen que ver con la figura apasionada que asociamos de forma espontánea a su trágica epopeya política y personal. Es mucho más romántico verla con los ojos de color violeta de Liz Taylor, incluso en el caso de que uno no se atreva a afrontar los doscientos cincuenta y un minutos de la versión integral de la superproducción de Mankiewicz y prefiera conformarse con un rápido trávelin de poses reales y vestidos abigarrados propios del estilo egipcio de los años sesenta en YouTube.

Cuando Octaviano (antes de convertirse en Augusto) derrotó a la poderosa flota naval egipcia en Accio, Marco Antonio se suicidó para no caer en manos del enemigo y Cleopatra imitó su gesto. Según la leyenda, la reina, experta en estrategia y en el arte de la seducción, pero también en pociones, se puso unos áspides en el pecho, unas serpientes cuyo veneno causa un dulce torpor, desde el que se pasa de forma indolora al sueño eterno. Esta teoría ha sido rechazada en la actualidad por estudios científicos autorizados, que consideran más probable que Cleopatra bebiera una taza con una mezcla de venenos a base de cicuta, similar a la que causó la muerte de Sócrates en la cárcel.

Pero hay que reconocer que es mucho más poético imaginársela exangüe con las feroces serpientes en el pecho, recordando las palabras que Plutarco, en la *Vida de Marco Antonio*, incluye en la conversación entre un

BRINDA A LA SALUD DE TUS ENEMIGOS

soldado romano y una sierva de Cleopatra delante del cuerpo de la reina, que acaba de fallecer:

> A uno que, airado, le dijo: «¡Bonito gesto, Carmión!», ella respondió: «Precioso, cierto, y digno de una descendiente de reyes tan grandes».

Incluso Horacio termina la oda en la que invita al lector a brindar por la muerte de Cleopatra (respetando plenamente la visión de su «patrono», el futuro emperador Augusto) con un imprevisible elogio al valor y a la dignidad de la última descendiente de la dinastía tolemaica, que, durante tres siglos, había logrado fundir la cultura griega y la egipcia, dando vida a un reino de extraordinaria potencia, cultura y elegancia.

Tolomeo había llegado a Egipto después de la muerte de Alejandro Magno, en el año 323 a. C., y enseguida había demostrado una gran clarividencia, además de cierto espíritu epicúreo *ante litteram*, dado que, en ese momento, el filósofo solo tenía dieciocho años y aún no había expresado lo mejor de su pensamiento. De hecho, a diferencia de los demás lugartenientes del gran rey macedonio, Tolomeo no intentó heredar su extraordinario imperio, que se extendía ya hasta la India, sino que se conformó —por decirlo de alguna manera— con lo que, en aquella época y gracias a los inmensos campos de trigo, era uno de los territorios más ricos del mundo conocido, además de depositario de una cultura milenaria. Tolomeo demostró la suficiente inteligencia (hoy en día los expertos dirían «visión») de no contravenir las costumbres del pueblo del que fue primero gobernador y luego rey, asegurándose de esta forma la aceptación popular, que le permitió morir de vejez en su cama e inaugurar una dinastía sólida y duradera, a diferencia de los demás epígonos de Alejandro, quienes, en apenas unos años, se mataron entre ellos, movidos por un anhelo de poder que no les trajo nada bueno.

Claro que, como cualquier poderoso, Tolomeo también tuvo que pagar un precio considerable: por ejemplo, aceptó violar el tabú griego del incesto y casó a sus hijos entre ellos a fin de conservar para sus herederos el dominio de una civilización que consideraba que los faraones eran de estirpe divina.

Políglota, sensual, impávida, a sus treinta y nueve años la última reina de esta poderosa dinastía puso fin a su vida y a la época tolemaica suicidándose de una forma digna de los fastos que había conocido durante su vida. También este acto extremo estuvo preñado de una poesía que iba más allá de cualquier juicio moral, al igual que en el caso de las grandes figuras del teatro trágico griego como Clitenestra o Medea, hasta tal punto que inspiró a su acérrimo enemigo unos versos llenos de conmoción y empatía:

> Osó mirar hasta el final su palacio, que se derrumbaba,
> con expresión imperturbable; osó, valerosa,
> manejar las serpientes crueles para impregnar
> su cuerpo del negro veneno,
> más orgullosa que nunca en la hora de la muerte
> que ella misma había decidido.

Desea obstáculos santos

La política de hoy en día parece carecer de figuras de este espesor humano, que despiertan la admiración incluso de sus adversarios. Además, por mucho que nos apasione el destino de nuestro país, por suerte es muy difícil imaginarnos alzando la copa para brindar por la muerte de otro ser humano.

Con todo, esto no impide que podamos festejar, con una magnífica botella de vino y bailando desenfrenadamente al ritmo de los versos alcaicos o de nuestro *hit* preferido, el vernos libres de un peligro que se cernía sobre nosotros o de un tirano que nos ha oprimido durante mucho tiempo.

¿Nuestros suegros entrometidos han pospuesto su visita a una fecha indeterminada? ¡Ha llegado el momento de abrir la botella especial que guardábamos para una gran ocasión! (*Depromere Caecubum cellis avitis*, «sacar el cécubo de las cantinas», habría dicho Horacio). ¿El jefe que solía convocarnos los viernes por la tarde para pasarnos la inevitable patata caliente, que debíamos resolver durante el fin de semana, ha cambiado de trabajo? ¡Llamamos a casa al instante, *hic et nunc*, para avisar que vamos al bar más próximo con nuestros compañeros de oficina y que esta noche volveremos muy, pero que muy tarde! *Sodales*, no dejamos pasar estos momentos felices sin celebrarlos como se merecen: *Nunc est bibendum! Nunc pede libero pulsanda tellus!*

De esta manera, embriagados de vino y de música, puede que incluso nos sorprendamos pronunciando ante nuestro marido o nuestros compañeros un comentario algo magnánimo sobre el odiado enemigo. Ahora que el peligro ha pasado podemos reconocer que, en el fondo, nuestra suegra tiene buena mano para la cocina o que, comparado con el nuevo jefe, el viejo no era tan terrible. Él sí que sabía, al menos, plantar cara al director, haciendo gala de un heroísmo que haría palidecer el que Cleopatra demostró ante las serpientes.

Pero ¿qué debemos hacer si nuestro adversario más temido no parece tener intención de desaparecer? En ese caso, podremos invocar en cualquier momento los que antaño en Sicilia se denominaban «obstáculos santos», deseándoles algo bueno que, en cualquier caso, nos beneficie.

No es necesario esperar a que uno de nuestros suegros resbale con una piel de plátano y se rompa una pierna para mantenerlos alejados de nuestra casa durante, al menos, un mes. ¿Por qué no confiamos, en cambio, en que ganen un crucero fantástico alrededor del mundo? De esta forma, conseguiremos el mismo efecto y todos seremos más felices. También podemos concentrarnos en la idea de que, para no tener que verlo más durante las reuniones, el director decida conceder una promoción a nuestro jefe y enviarlo a la sede central de la empresa, que está a doscientos kilómetros de la nuestra. Quizá, a fuerza de pensarlo una y otra vez, suceda tarde o temprano. Entretanto, dejar volar la fantasía e imaginar todos los «obstáculos santos» posibles para resolver el problema que nos aflige puede constituir un agradabilísimo ejercicio creativo, pacifista y políticamente correcto, que se puede realizar en compañía, a diferencia de las habituales quejas, siempre iguales, delante de la máquina del café.

Es más, ya es, de por sí, una estupenda excusa para descorchar una botella de vino.

11

Ve a vivir a un faro

Las grandes historias nunca terminan de contarse, porque cada vez que resucitan lo hacen bajo una nueva forma. Y nunca acaban de leerse, porque saber de qué habla un libro y sumergirse en la lectura son dos cosas muy diferentes.

Al contarnos las peripecias del rey de Ítaca, un peregrino que regresa a casa para reconquistar su reino y la confianza de su esposa, el misterioso autor de la *Odisea* usa unas técnicas narrativas que no tienen nada que envidiar a las de un gran director de cine. En los primeros cuatro libros de los veinticuatro que componen el poema, el protagonista no aparece: su hijo, Telémaco, lo busca por todas partes, tratando de seguir su rastro después de que se marchara de Troya, al final de una guerra que los griegos ganaron gracias, precisamente, a la astucia de

Odiseo, autor del truco del caballo de madera. De esta forma, los lectores vamos conociendo poco a poco su *backstory*, como dicen los guionistas, y cada vez sentimos más curiosidad y ganas de conocer a esa persona tan interesante de la que todos hablan.

Solo en el quinto libro acompañamos a Hermes en un largo viaje que acaba en la isla de Calipso, donde Odiseo lleva varios años prisionero, y el dios mensajero con sandalias de oro le entrega la «llamada a la aventura»: la decisión de Zeus de que el vencedor de la guerra de Troya puede poner punto final a su exilio y regresar a su casa, como desea.

Incluso a ojos de un dios, la isla es de una belleza extraordinaria, igual que la ninfa inmortal que acoge a Hermes en la cueva donde vive (un poco rústica pero completamente amueblada y dotada de todo tipo de conforts, según nos la describe Homero).

Sin embargo, Odiseo no está en casa. Así es como nos encontramos por primera vez con nuestro héroe, el rey tan amado por su familia, adorado por sus súbditos y aclamado como un genio por los que combatieron con él:

Sentado en la orilla, lloraba donde muchas veces, desgarrando su ánimo con lágrimas, gemidos y pesares, solía contemplar el estéril mar.

Por otra parte, Homero (o alguien en su nombre), nos había avisado enseguida de que no pensaba pedir a la musa la historia de un héroe, sino la de un hombre:

> Cuéntame, Musa, la historia del hombre de muchos senderos, que anduvo errante muy mucho después de Troya sagrada asolar.
>
> Ἄνδρα μοι ἔννεπε, Μοῦσα, πολύτροπον, ὃς μάλα πολλὰ πλάγχθη, ἐπεὶ Τροίης ἱερὸν πτολίεθρον ἔπερσε.

La primera historia del mundo occidental que narra la compleja trama de sufrimiento y esplendor en el ánimo de una persona inquieta inicia simplemente con la palabra ἄνδρα *(ándra)*: hombre. No es un hombre especial, no tiene siquiera derecho a un artículo determinado; después descubriremos de quién se trata, pero al principio solo es un hombre. Háblame de un hombre, Musa; un hombre inteligente, que ve muchas cosas y que ha sufrido muchas peripecias, después de haber destruido la poderosa ciudad sagrada de Troya.

Un hombre que ha vagado mucho, pero que no ha realizado un viaje consciente y aventurero, sino que se ha movido con el impulso violento del que es sacudido de aquí para allí como una pelota enloquecida o es víctima de un naufragio y está a merced de las olas: πλάγχθη (plánchthe). Al lado de estos, aún resultan más nítidos los versos de uno de los fragmentos más importantes de *De rerum natura*, que nos hablan del naufragio y de las peripecias desde otra perspectiva:

> Es agradable cuando las ráfagas de viento
> sacuden la enorme extensión del mar,
> observar desde tierra el gran esfuerzo
> que hace otro;
> no porque esté bien divertirse con los problemas
> de nuestros semejantes,
> sino porque es agradable darse cuenta
> de las dificultades que no sufres.

A primera vista, el razonamiento de Lucrecio podría parecer cínico si este no se apresurase a explicarnos que lo que pretende con esta imagen tan fuerte y paradójica es ilustrar el concepto epicúreo del placer como ausencia de dolor.

El pobre marinero sacudido por las olas que, al igual que Odiseo, vaga por los mares buscando angustiado un lugar donde pueda sentirse por fin en casa, podría ser la imagen de lo que éramos hasta ayer, cuando conocíamos el mundo un día menos que hoy y, por tanto, éramos más propensos a dejarnos abrumar por los acontecimientos, como si estos fueran unos aludes temibles y repentinos. El sabio epicúreo sabe que no puede dominar el mar, pero, aun así, se dedica a la filosofía a la manera del guardián de un faro: el cuidado escrupuloso de este le procura un refugio sólido de la intemperie y un punto privilegiado de observación y recogimiento espiritual. De esta forma, Lucrecio considera que el hombre aferra las riendas de su destino con el pensamiento:

> No hay nada más dulce que ocuparse
> del templo sereno
> que el sabio construye con el conocimiento
> para que esté siempre bien fortificado.

El pensamiento epicúreo observa precisamente el dolor de los hombres que sufren porque se sienten fuera de lugar en todo momento, que desean con todas sus fuerzas estar en otro sitio, pero que piensan que no tienen los medios para alcanzarlo, igual que pensaba Odiseo cuando lloraba en la escollera. Igual que puede sucedernos a menudo a nosotros, el primero de los antihéroes de la historia de la literatura occidental sabe que se encuentra en un paraíso, pero no logra sentir alegría, no se siente en casa, no le quedan energías, ni siquiera rabia. Lo único que consigue hacer es mirar el mar y llorar continuamente por su condición de víctima del destino. Justo él, que, en el pasado, fue un hombre activo, ingenioso y triunfador.

El mensaje de Epicuro trata de aliviar este sufrimiento: conocer los deseos para poder aligerarlos debería ser la mejor manera de vivir serenos y reforzar a diario las paredes del faro, nuestra «protección contra todo lo que nos aguijonea con el oscuro apremio del deseo», como dice el maestro.

Pero no es fácil resistir a la complacencia que produce el dulce desgarro frente al mar, expresión de un gran sufrimiento, pero también de poesía, como nos lo demuestra de forma maravillosa Pablo Neruda:

> Aquí te amo.
> En los oscuros pinos se desenreda el viento.
> Fosforece la luna sobre las aguas errantes.
> Andan días iguales persiguiéndose.
> […] Se fatiga mi vida inútilmente hambrienta.
> Amo lo que no tengo. Estás tú tan distante.
> Mi hastío forcejea con los lentos crepúsculos.
> Pero la noche llega y comienza a cantarme.*

---

* Pablo Neruda, *Veinte poemas de amor y una canción desesperada*, editorial Castalia, 2012 *(N. de la T.)*

Es inútil: la fascinación que ejercen las lágrimas que se mezclan en la piel con la sal del mar nunca dejará de inspirar a los escritores y a hacer que las ninfas se desmayen de amor: así pues, es normal que con este consuelo el pobre marinero exiliado sea menos tenaz en la búsqueda de una vía de escape. Entre el hastío que forcejea con los lentos crepúsculos y su perenne lamento en la escollera, Odiseo no debía de ser una gran compañía, de manera que Homero se apresura a informarnos de que, cuando se retiraba con Calipso por la noche a la oscura cueva, tampoco le daba grandes satisfacciones en la cama, siempre sucedía que οὐκ ἐθέλων ἐθελούσῃ (*ouk ethélon etheloúse*): a él no le apetecía nada, a ella sí. No obstante, a pesar de que la trata de una forma que no corresponde a una ninfa inmortal, o quizá precisamente por eso, Calipso está loca por él. Cuando oye el mensaje de Hermes, que le ordena que ayude a Odiseo a zarpar para reiniciar su viaje, reacciona muy mal y acusa a los dioses del Olimpo de arrebatárselo porque envidian su conquista, para la que tenía unos proyectos muy diferentes: Yo lo traté como amigo y lo alimenté y le prometí hacerlo inmortal y sin vejez para siempre.

Algo parecido a lo que le sucede a Raffaella Pavone Lanzetti, la protagonista de *Insólita aventura de verano*: riquísima y esnob, mientras navega en el barco, Raffaella atormenta al marinero, Gennarino Carunchio, pero cuando los dos naufragan y van a parar a una isla desierta, ella se enamora locamente de él e incluso se siente sometida. El nuevo Odiseo, interpretado por un formidable Giancarlo Giannini, al principio comparte con su célebre antepasado la antipatía por la espléndida mujer que tiene a su lado y no pierde ocasión de descargar sobre ella el odio de clase que siente, pero hay que decir que, al menos, en la oscura cueva los dos se entienden de maravilla.

Por desgracia, ciertos hechizos extraordinarios no suelen durar después de la vuelta de las vacaciones o fuera de las islas perdidas en el mar. Con la ayuda de Calipso, Odiseo construye una balsa maravillosa que volverá a naufragar obligándolo a luchar con las olas. Tras un sinfín de peripecias, en el libro decimotercero logra hacer un brusco viraje en el camino salpicado de pruebas que está afrontando: el «dulce regreso» a Ítaca, donde emprenderá un viaje aún más difícil para recuperar su reino y arrancar a su esposa de manos de los pretendientes, que son jóvenes, ricos y mucho más aguerridos que él a la hora de cortejarla.

Carunchio y Raffaella, en cambio, desean volver a casa y pasar la vida juntos, pero nunca es tan fácil transformar algo que sucede en otro lugar en un «aquí y ahora». Además, en la actualidad es aún más complicado, porque no es tan fácil distinguir a un pobre humano de una divinidad inmortal como lo era en época de Homero. Cuando Raffaella, la «puta industrial», sale de escena a bordo del helicóptero de su marido en una apoteosis digna de Medea, al final de la película de Wertmüller vemos a Carunchio vagando por la playa como un loco, guapísimo, salvaje y completamente borracho. Entonces, igual que nos sucede a veces a nosotros cuando, en los momentos de rabia, sacamos sin darnos cuenta la inflexión dialectal de la infancia, o como hace la sirena en uno de los cuentos más bonitos de Tomasi di Lampedusa, el humilde marinero abandonado se dirige al mar negro en griego antiguo: «¡Mar traidor, que antaño fuiste mi amigo y que después pisoteaste mi corazón!».

Al desahogar su desesperación, Carunchio usa las palabras del epodo de Estrasburgo, un antiguo fragmento de poesía que se encontró en un papiro y que nació también de la pluma de un autor misterioso: los estudiosos aún no saben si atribuirlo al poeta Arquíloco, del siglo VII a. C., o a Hiponacte, que vivió unos cien años más tarde. Sea como sea, la traducción de esta invectiva —en la que se desea a un antiguo amigo terminar como Odiseo o como el tipo que Lucrecio mira por la

ventana de su templo de serenidad— es de Salvatore
Quasimodo:

Que largamente sacudido por las olas,
choques contra Salmideso,
desnudo, de noche, mientras nosotros gozamos de la calma.
Y que agotado, anhelando la orilla,
permanezcas en el borde del batiente,
en el frío, rechinando los dientes,
como un perro, de espaldas;
y que el flujo continuo de las aguas
te cubra de algas.
[...] Me gustaría verte sufrir esto,
tú que antaño fuiste mi amigo
y que después pisoteaste mi corazón.

Mira en muchas direcciones

En 1935 Cesare Pavese, un intelectual abiertamente de
izquierdas, fue desterrado por el régimen fascista a un
remoto pueblo calabrés, Brancaleone. Pavese, que había
nacido entre los dulces viñedos de las Langas y que
había crecido entre el fermento cultural y las «tiras de
cielo» que formaban los edificios turineses, se encontró

de repente, como Odiseo, en un lugar donde solo existían el mar, las nubes y un montón de tiempo que colmar: allí volvió a leer a Homero en griego. El eco de esas lecturas influyó profundamente en su trayectoria posterior como asesor editorial de Einaudi y como escritor. Cuando terminó la guerra, Pavese decidió iniciar y seguir una traducción de los poemas homéricos que modernizara las versiones precedentes y les restase solemnidad, a fin de que el lector pudiera sentir la frescura que transmite la versión en griego. Ese trabajo, que lo llevó a mantener una larga correspondencia con Rosa Calzecchi Onesti, que lo firmó, nacía de la voluntad de ampliar la platea de lectores ofreciendo a Homero al gran público sin disminuir por ello la calidad de la traducción; al contrario, sacando a la luz el verdadero sabor de unos textos llenos de vida y poesía.

En su obra también aflora poderosamente el interés del escritor por la antropología y el mito, dando espesor humano tanto a los libros de argumento clásico, como los *Diálogos con Leucó*, como a las poesías y a las novelas, que se nutren de manera sutil de su investigación sobre estos temas, para dar vida a una especie de nueva mitología esencial y rústica, en la que ya había hundido las manos al traducir *Moby Dick*, de Herman Melville.

Pavese tuvo una vida muy infeliz, igual que el *polýtropon* Odiseo y que muchos seres humanos dueños de una inteligencia capaz de ver más allá y de captar con una sola mirada muchas cosas diferentes (πολύτροπον, *polýtropon*, de πολύ-τρέπω, *polý-trépo*, significa literalmente «el que mira en muchas direcciones»). No siempre nos resulta sencillo usar en ventaja propia nuestras mejores dotes (las *aretái*, en forma de talento o de virtud) y a menudo sucede que quien tiene el don de ver en la distancia no tarda mucho en encontrar insoportable lo que tiene cerca, tanto en la frenética vida urbana como en la playa de la isla donde vive una diosa:

Calipso: Odiseo, nada es muy distinto. También tú como yo quieres detenerte en una isla. Lo has visto y padecido todo. Acaso un día yo te diga lo que he padecido. Los dos estamos cansados de un gran destino. ¿Por qué continuar? ¿Qué te importa que la isla no sea la que buscabas? Aquí jamás sucede nada. Hay un poco de tierra y un horizonte. Aquí puedes vivir siempre.

Odiseo: Una vida inmortal.

Calipso: Inmortal es quien acepta el instante. Quien no conoce ya un mañana. Mas si te gusta la palabra, dila. ¿De verdad has llegado a ese punto?

Odiseo: Yo creía inmortal a quien no teme la muerte.

Calipso: A quien no espera vivir. Ciertamente, casi lo eres. Has padecido mucho tú también. Mas ¿por qué esta manía de regresar a casa? Aún estás inquieto. ¿Por qué esas conversaciones que vas teniendo sólo entre los escollos?*

El diálogo que imaginó Pavese en los *Diálogos con Leucó* parece escrito por Homero y pone en escena las palabras que intercambian y el hombre del gran corazón (Ὀδυσσῆα μεγαλήτορα, *Odysséa megalétora*):

> Y la soberana ninfa acercóse al magnánimo
> Odiseo luego que hubo escuchado el mensaje de Zeus.
> Lo encontró sentado en la orilla.
> No se habían secado los ojos del llanto y su dulce vida
> se consumía añorando el regreso, puesto que ya no le
> agradaba la ninfa.

Nadie sabe con exactitud cuándo se escribieron estos versos, pero, en cualquier caso, fue cuatrocientos años antes de que naciese Epicuro. Lástima, porque, de no ser así, seguro que el filósofo se habría quitado las sandalias para ir a sentarse al lado de Odiseo y aconsejarle que superara la apatía y retomase las riendas del γλυκύς αἰὼν

---

* Cesare Pavese, «La isla» en *Diálogos con Leucó*, Bruguera, 1980 *(N. del E.)*.

(*glykýs aión*), el tiempo infinito de la «vida dulce», tan dulce como el néctar más exquisito, del que, a fin de cuentas, habría podido gozar mucho más. A la vez que contemplaba la sucesión de olas, Epicuro habría podido ofrecerle una de sus máximas más preciosas, como, por ejemplo:

> No debemos maltratar los bienes presentes con el deseo de los ausentes, debemos comprender cuánto rogamos en el pasado para obtener lo que tenemos ahora.

Perdona, ¿no eras tú el que rogaba a los dioses que te salvaran? Todos tus compañeros han muerto, tú estás aquí, vivo y vigoroso, rodeado de verde, el mar es hermoso, la chica te quiere, ¿por qué dices que tu suerte es adversa? Labra con tus manos el destino que prefieres: si de verdad quieres marcharte, ¿por qué no empiezas a buscar dos troncos para construir una balsa, en lugar de esperar a que otro lo haga por ti?

Pero ya se sabe que cuando te parece que todo va mal y un amigo trata de hacerte razonar, solo empeora las cosas. Odiseo es un guerrero, enloquece si debe estar quieto: es uno de esos hombres que, como dice el maestro, «se aturden con la tranquilidad». Así pues, es difícil que escuche sin irritarse las dulces palabras del que le aconseja que se conforme desde lo alto de su templo sereno.

Él, cuyo nombre significa literalmente «el que odia», de ὀδύσσομαι (odýssomai), no logra encontrar la paz en ese paraíso y arde de nostalgia: una palabra que nace precisamente con él y con sus ansias de volver al lugar donde espera poder ser de nuevo feliz. Νόστος ἄλγος, nóstos álgos, el «deseo del retorno» del que habla todos los días con el mar.

Por suerte, y al igual que Carunchio, su aspecto de marinero barbudo, desaliñado y huraño le resulta de gran ayuda en las circunstancias más difíciles. Cuando, por fin, Calipso le explica cómo construir la balsa y abandona la isla, vuelve a naufragar en el mar durante una tormenta. En esta ocasión lo salva otra ninfa, Leucótea, que le permite flotar sobre las olas como si se balancease en una suave sábana blanca. Luego, cuando llega de nuevo a tierra desconocida, la princesa Nausícaa lo encuentra medio muerto y se enamora de él. De allí no tardará en regresar a la playa de Ítaca.

También Pavese, al enfrentarse a su último viaje, confió en la dulzura del abrazo de Leucótea, a la que había dedicado su libro más querido. Una mañana de finales de agosto de 1950 lo encontraron muerto en un hotel de Turín próximo a la estación. En la mesilla había doce sobres vacíos de somnífero y una copia de los *Diálogos con Leu-có*. En medio del libro estaba la tarjeta de la biblioteca donde el escritor había tomado prestado el volumen y en la que había escrito tres frases. La primera pertenecía al relato «Las brujas»: «El hombre mortal, Leucó, solo tiene esto inmortal: el recuerdo que lleva y el recuerdo que deja».

Pavese tenía cuarenta y dos años y había recibido el premio Strega hacía dos meses. La noche de la entrega había dejado asombrados a todos presentándose al Ninfeo di Villa Giulia con una acompañante totalmente fuera de lugar por su belleza y suntuosidad: la actriz de Hollywood Doris Dowling, su queridísima amiga y hermana de su último amor, Connie, a quien había dedicado la novela ganadora. Sin embargo, Connie lo había dejado hacía poco. Su pérdida fue lo que empujó al escritor *polýtropon* a arrojarse en los dulces brazos de Leucó.

Bebe una cerveza con un amigo de verdad

Si, en cambio, imaginamos a Horacio reuniéndose con Odiseo en la escollera para intentar ayudarlo a superar su desgarradora nostalgia, no pensamos en un consejo sabio, como mucho en un comentario masculino sobre las *aret*ái de la diosa Calipso. Puede que también alguna pulla para que nuestro héroe no se hiciese demasiadas ilusiones pensando que su pobre mujercita se arrojaría en sus brazos si lograba volver a su lado o que, una vez en Ítaca, querría quedarse allí. Aunque quizá Horacio se habría limitado a llevar dos cervezas frescas y se habría sentado con él en la escollera sin decir una palabra.

A diferencia de Epicuro y Lucrecio, que, desde lo alto de su impecable templo con vistas al mar, nos animan a embocar el camino de la felicidad con la firmeza propia de un gran sabio, Horacio es un amigo que viene a zambullirse en las olas con nosotros. Goloso de sabiduría y de vida al mismo tiempo, es un maestro de humanidad que no juzga nunca, capaz de escudriñar el mundo con lucidez y de perdonar con una sonrisa nuestros deslices, que son también los suyos. Él, que cuando está en Tivoli añora Roma y al contrario, conoce la fascinación que ejerce el otro lugar: el consuelo que puede darnos la esperanza de que en otro sitio o con otra mujer nuestra vida será diferente. O que para volver a estremecernos como en el pasado es suficiente pedir al mar, al demonio o a Dionisos que nos conceda algo más:

Más que una película, más que un *drink*, más que la marihuana,

más que un *trip* de esta miss medio brasileña,
de un *hit*, de una suite en Copacabana,
de un *dj*, más que una *rave* en medio de la sabana,
más que el éxito, que hacer el amor en las alturas,
más que cualquier billete, más que la coca,
más que las joyas y los relojes, que los anillos que llevo
en los dedos,
más que esta libertad, más que la vida.

Guè Pequeno, «Brivido»

El maestro Epicuro nos persigue por la playa para recordarnos que cada vez que pronunciamos la palabra «más», el perímetro de la isla donde estamos prisioneros se restringe; que siguiendo su camino de moderación encontraremos la clave que nos liberará y nos devolverá la alegría; que dentro de nosotros tenemos ya todo lo que necesitamos para encontrar la paz. Sus palabras nos parecen llenas de sabiduría, justas, perfectas:

¡Quien no se conforma con poco, no se conforma con nada!

Ningún placer es malo de por sí: pero, en ocasiones, la manera en que nos procuramos ciertos placeres nos causa bastante más pesadumbre que alegría.

VE A VIVIR A UN FARO

¡Los deseos que no nos hacen sufrir si no los realizamos por completo no son necesarios!

Lástima que nos cueste distinguir lo que dice y que solo lo veamos como un puntito en la orilla, porque ya hemos empezado a nadar y nos hemos alejado de tierra firme con dos brazadas.

Móntate una película

Todos los seres humanos conocen la rabia desesperada que se siente en los momentos en que parece que el mundo ha perdido la magia y que el futuro solo es una atroz prisión de días interminables y demasiado parecidos, igual que le sucedía al pescador calabrés del poema «Steddazzu», de Pavese[*]:

¿Vale la pena que el sol se levante del mar
y comience el largo día? Mañana
volverá el tibio amanecer con la diáfana luz

---

[*] En dialecto calabrés, *steddazzu* significa «estrella grande», nombre que se atribuye a Venus. Cesare Pavese escribió este poema durante su destierro en Calabria (*N. de la T.*).

y será como ayer y nunca nada ocurrirá.

El hombre solo quiere dormir.

Mientras la última estrella se apaga en el cielo,

el hombre lentamente prepara su pipa y la enciende.

Frente al alba de un nuevo día, nosotros, los aspirantes a epicúreos del siglo XXI —igual que todos los alumnos y maestros que nos han precedido— nunca dejaremos de errar (mejor dicho, de rebotar entre las olas como Odiseo) buscando el equilibrio entre la paz del filósofo y el estremecimiento que nos procuran las emociones, tratando de recibir el placer del presente sin estropearlo con la renuncia o con la ilusión del futuro, como hacen los dioses en sus dulces islas eternas:

El ser feliz, eterno e incorruptible no es molesto ni para sí mismo ni para los demás, ya que no debe enfrentarse a la rabia ni al apego, como le sucede, en cambio, al que es débil.

Nacemos una sola vez, es algo que no puede ocurrir dos veces; en cambio, debemos aceptar que la rueda de la vida no girará eternamente para nosotros. Tú, que no eres dueño del mañana, pierdes tiempo aferrando las ocasiones de alegría que se te presentan, pero mientras vacilas la vida se va perdiendo y todos llegamos a la muerte ocupados en otra cosa que no es vivir.

Pretendemos que nuestra vida esté llena de emociones y experiencias, pero no tenemos muy claro cómo podemos conciliar este deseo con nuestras elecciones éticas y con la decisión de seguir el consejo de Epicuro y hacer un gran *decluttering* emotivo. Pretendemos «aferrar las ocasiones de alegría» sin arrepentirnos del pasado, pero a la vez nos empeñamos en abrillantar a diario nuestro faro de filosófica serenidad. Pretendemos tener la vida dulce del *hedoné* sin los excesos del hedonismo, que nos incita a pedir algo más a cada paso.

Tan inquietos, contradictorios y profundamente humanos como nuestro amigo Horacio, que no teme declarar sus límites y considerarlos incluso cómicos. Al principio de su libro de epístolas el poeta reprocha —con benevolencia, como siempre— a su querido Mecenas: «Precisamente tú, que te ríes si un día me ves con el pelo mal cortado o con la túnica andrajosa...»:

¿Qué deberías decir cuando mis pensamientos
se dan de puñetazos,
cuando desprecian lo que buscaron,
cuando vuelven a lo que desecharon

hace apenas un instante,

agitados, trastornando

cualquier forma de orden en mi vida,

cuando hacen y deshacen,

cuando cambian los redondos por los cuadrados?

Por mucho que uno haga por cambiar, quien nace redondo no puede morir cuadrado; quien nace marinero podrá encontrar unos magníficos compañeros de viaje para toda la vida, pero es poco probable que monte la tienda de campaña en una idea y sentirá el mal de tierra al poco tiempo de instalarse en un puerto. Igual que Odiseo, quien, nada más realizar su deseo de reconquistar su reino y a la testaruda Penélope, no ve la hora de partir de nuevo: el elixir de fuerza y juventud que ganó superando las pruebas que se presentaron en su camino le permite cerrar el círculo y emprender una nueva aventura.

Por suerte, en la actualidad podemos viajar de muchas maneras. Incluso con las historias que nos cuentan los libros, las películas o las redes sociales. Es una manera de escribir nuestro mapa del mundo y de los deseos que no nos obliga a vivir todas las experiencias antes de decidir si nos interesa profundizar en ellas o no.

En su *Poética*, Aristóteles lo llama «catarsis» (*κάθαρσις, kátharsis*), usando una palabra antigua que indica una purificación profunda. Según él, la tragedia escenifica unos acontecimientos que: «Mediante compasión y temor llevan a cabo la purgación de tales afecciones».[*]

Más o menos lo mismo que reprocha a su hijo el profesor Bruschi (Marcello Mastroianni en una de sus últimas interpretaciones) en la película de Francesca Archibugi *Al anochecer*: «Las experiencias también se pueden leer: ¡no es necesario vivir todas personalmente!».

En este sentido, los ejercicios son casi infinitos, están al alcance de la mano y resultan incluso bastante baratos, a pesar de que los libros y las entradas de cine son cada vez más caros (a menos que se desee saborear el placer absoluto de sentarse en una sala a las tres de la tarde). Pero, si queremos realmente exagerar en la búsqueda de nuestro personalísimo y mágico equilibrio entre hedonismo y *hedoné*, podemos encontrar ocasiones muy interesantes para ensayar el maravilloso arte de la catarsis.

---

[*] Aristóteles, *Poética*, traducción de Valentín García Yebra, editorial Gredos, 1974 (*N. de la T.*).

Por ejemplo, si en el último acto de nuestro viaje heroico queremos celebrar una boda sagrada con una divinidad, quizá sea aconsejable imitar a Marcello Rubini y Sylvia en *La dolce vita*, en lugar de a Odiseo y Calipso, a Pavese y Connie o a Carunchio y Raffaella.

Podemos, por ejemplo, dar una vuelta por los estudios de Cinecittà, entrar en una sala de doblaje y grabar con nuestra media naranja una versión inédita de la famosa escena de la fuente de Trevi de la obra maestra de Fellini en la que solo se oigan nuestras voces.

Con los auriculares puestos, ella tratará de no soltar una carcajada cuando acompañe a Sylvia mientras esta deambula mirando al cielo, con un gatito blanco en lo alto de su melena rubia y una expresión atenta y al mismo tiempo maravillosamente distraída «como si alrededor sucediera un prodigio de aire».

Es importante concentrarse, porque la primera frase debe pronunciarse con una voz fina, inquieta y casi infantil: *Marcello, where are you? Where did you go for that milk?*

Después, con dulce estupor, mientras seguimos a Sylvia en la pantalla, cuando descubre los tritones barrocos de la fuente como si hubiera visto un templo oculto en un bosque, la invocación: *My goodness!*

Cuando Marcello llega con el vaso de leche para el gatito, Sylvia se ha sumergido ya en la fuente y está jugando con el agua con la delicadeza de una ninfa. Y ahora llega la parte más emocionante, porque, en ese momento, a pesar de que ella lleva puestos unos pantalones vaqueros cortos y una camiseta, siente que el corte de la falda del vestido se le ha subido y está enseñando las piernas esculturales de Anita Ekberg. ¿Qué más da si jamás ha llevado una talla ochenta de sujetador, ni siquiera cuando estaba embarazada? En ese momento, puede doblar un poco la cabeza hacia detrás para mostrar el pecho generoso, eterno e incorruptible, mientras invita a su compañero a unirse a ella haciendo con las manos el mágico ademán que ha inmortalizado esta escena. Un leve suspiro y se lanza, ha llegado el momento: *Marcello, come here! Hurry up!*

Ahora le toca a él ajustarse los auriculares, mirarla de soslayo tratando de contener la carcajada que aliviaría al instante la tensión, que va en aumento, y prepararse con un hondo respiro. Mientras ella se deja besar por el agua de la fuente, él la mira con el aire conmovido y un poco irónico propio del ser humano que se encuentra frente a una auténtica divinidad y solo logra decir estas sencillas palabras: Sí, Sylvia. Ya voy. Ya voy

12

Escribe una carta a un amigo

«Todos los obstáculos nos benefician», proclama con absoluto espíritu zen un viejo proverbio siciliano.

No hay mal que por bien no venga, porque, según le gustaba decir a François Truffaut, «la vida tiene más fantasía que nosotros». Nunca es fácil prever el papel que jugarán dentro de diez años en nuestra vida las personas que acabamos de conocer (o las que aún no hemos conocido), adónde nos llevarán los acontecimientos a los que vamos a enfrentarnos y qué ocurrirá después de esos momentos en los que da la impresión de que el destino se aplica a fondo para catapultarnos a las estrellas o para ensañarse con todo lo que deseamos, apartándonos con su manaza de lo que hemos programado con tanto esfuerzo. En estos casos no sirve de nada gritar y patear como la joven aprisionada en el puño de King Kong, en parte porque, a menudo, un minuto más tarde, la fantasía de la vida nos sorprende con un golpe de efecto inesperado. El problema es que siempre lo olvidamos y nos dejamos llevar por el pánico.

Epicuro no creía en el destino, pero a él también le sucedió algo similar. Cuesta imaginar a nuestro sabio y pacífico filósofo enzarzado en una pelea típica de un campo de fútbol, pero, ciertos estudios autorizados que han analizado los papiros de Herculano han sacado recientemente a la luz un dato curioso. Según parece, el maestro se vio obligado a abandonar Mitilene —una ciudad de la isla de Lesbos, la misma en la que, tres siglos antes, había reinado el tirano Mirsilo y en la que Safo había escrito sus poesías— porque lo tiraron literalmente a patadas de la isla, donde había abierto hacía tiempo una escuela que iba viento en popa.

Da mucha risa pensar que los protagonistas de este violento episodio no fueran unos acreedores despechados ni unos maridos heridos en el honor, sino los seguidores del equipo adversario, es decir, los filósofos de la facción opuesta, la aristotélica. No sabemos cuál fue la gota que colmó el vaso, pero los ánimos que se calentaron no fueron pocos, porque las fuentes hablan incluso de una revuelta de los ὄχλοι (*óchloi*): masas enfurecidas de elegantes eruditos con la barba perfectamente cuidada, que dieron una buena tunda a nuestro pobre Epicuro, culpable de haber proclamado una visión de la vida demasiado libre y opuesta al pensamiento dominante.

Es fácil imaginar lo duro que tuvo que ser para él tener que abandonar de buenas a primeras un lugar donde quizá se había instalado hacía poco tiempo, pero donde contaba ya con un buen número de alumnos interesados. Además, ni siquiera podía achacárselo al destino cínico y tramposo, dado que había sido precisamente él el que había puesto en manos de cada hombre la responsabilidad sobre su vida y sus decisiones. En cualquier caso, al final no le fue tan mal, porque después de una parada en Lampsaco, pudo regresar a Atenas, la ciudad de la que su familia había tenido que marcharse poco antes de que él naciera, pero a la que pertenecía como ciudadano y donde había hecho el servicio militar. En ella vivió con alegría hasta su muerte y conoció el éxito, pero el Jardín no habría sido igual si antes los *óchloi* no lo hubieran tirado del lugar donde se encontraba tan a gusto y de donde no pensaba marcharse.

A menudo solo comprendemos al envejecer el feliz arte de la resiliencia, como se suele decir ahora: la «capacidad de un material de absorber energía de forma elástica cuando se ve sometido a una carga o a un golpe antes de romperse», que, aplicada a la vida, consiste en la capacidad de encontrar una solución creativa a las dificultades, ser lo suficientemente flexibles para no chocar contra los obstáculos, sino usarlos como palanca para rebotar mucho más lejos. Esto es, precisamente, lo que nos sugiere la etimología de la palabra, *resilīre*, que significa rebotar.

Antes de soplar las noventa velas de una tarta, la abuela de Jay-Z, Hattie White, pronunció un discurso tan sencillo como memorable:

> *I had my ups and downs, but I always find the inner strengh to cool myself off. I was served lemons, but I made lemonade.*

«En mi vida he tenido altos y bajos, pero siempre he encontrado la fuerza interior suficiente para serenarme. Me sirvieron limones, pero yo hice limonada». Todas las abuelas del mundo saben hablar con el corazón en la mano a los nietos que se han reunido para festejarla, pero, si por casualidad sucede que entre estos se encuentran dos de los músicos más famosos del planeta, puede suceder que la invitación a tomarse la vida con filosofía entre a formar parte de un álbum que venda más de seiscientas mil copias en una semana. Con las palabras pronunciadas en esa fiesta de cumpleaños termina «Freedom», uno de los sencillos del álbum *Lemonade*, en el que Beyoncé cuenta al mundo la rabia y la reconciliación después del enésimo engaño de su marido, Jay-Z, poniendo en práctica la enseñanza de la abuela de este.

Everything is copy, como decía siempre la madre de Nora Ephron: todo puede ser fuente de inspiración, material narrativo o limonada si lo exprimimos con la dosis justa de emoción y usamos la inteligencia y la ironía para dulcificar su acritud. Sin esa atroz decepción amorosa jamás habríamos escrito nuestra canción o nuestro mejor guion. Además, en los momentos difíciles da la impresión de que nuestros ojos logran distinguir con más claridad que nunca los *òchloi* con los que no tenemos nada en común y las pocas y preciosísimas personas que deseamos ver, sobre todo cuando las cosas no van bien.

Según parece, tampoco Séneca, que era un filósofo del otro bando, en este caso el estoico, intentó pegar nunca a Epicuro —por otra parte, habría sido algo difícil, ya que vivió tres siglos más tarde que él—, al contrario, lo cita con tanta frecuencia que se siente incluso en el deber de disculparse por ello. Gracias a sus citas y a las de otros acérrimos enemigos del calibre de Plutarco o de Cicerón, podemos leer hoy muchos pasajes de los textos perdidos de Epicuro, que la pluma de los que menos lo apreciaban rebotó de forma irónicamente paradójica.

Por ejemplo, en una de las cartas a Lucilio, Séneca cita un fragmento en el que Epicuro reprocha al filósofo Stilpone la idea de que el verdadero sabio debe ser feliz bastándose a sí mismo (*se ipso contentum*) y refiere que, por lo general, Epicuro negaba que el objetivo de la filosofía fuera alcanzar un *animum impatens*, un corazón imperturbable.

Esto parece contradecir la invitación epicúrea a la ataraxia: el arte del desapego, que hundía sus raíces en la antiquísima enseñanza védica de los *gymnosofistai* hindúes y que había llegado hasta él gracias al maestro de su maestro, Pirrone, que había participado en la expedición de Alejandro Magno. Pero quizá no es necesario ver una contradicción donde podría haber, en cambio, un pensamiento articulado y consciente: el mensaje de Epicuro pretende radicar al hombre en el presente para liberarlo del ansia por el futuro, de las expectativas ajenas o de la doble trampa de la ilusión y la desilusión sin llegar por ello al punto de congelar sus pasiones más nobles y humanas. Séneca prosigue así:

> El sabio, por más que se baste a sí mismo, quiere, no obstante, tener un amigo, aunque no sea más que para ejercitar la amistad a fin de que tan gran virtud no quede inactiva; no por la finalidad que señalaba Epicuro en la mencionada epístola, «para tener quien le asista cuando esté enfermo, le socorra metido en la cárcel o indigente», sino para tener a quien él pueda asistir si está enfermo, a quien pueda liberar si es apresado por la guardia del enemigo.*

Para Epicuro la amistad no solo sirve para dulcificar la vida, sino también para estructurar las pequeñas comunidades, que se fundan en intereses compartidos y en la certeza del apoyo recíproco, respetando de manera impecable las obligaciones sociales, pero apartándose de la esclavitud del pensamiento rígido y convencional de los *óchloi*. En una de las *Sentencias Vaticanas* explica a sus amigos las cadenas de las que arde en deseos de liberarse: «Liberé-

---

* Séneca, *Epístolas morales a Lucilio*, traducción de Ismael Roca Meliá, editorial Gredos, 1999 *(N. de la T.)*.

monos de la prisión de la rutina cotidiana y de la vida pública».

El sabio estoico puede participar activamente en la política, como hizo también Séneca, que, entre otras cosas, tuvo un final terrible por culpa del emperador Nerón, al que había visto crecer y al que había guiado en las primeras decisiones de gobierno. En cambio, el sabio epicúreo trata de vivir apartado (*λάθε βιώσας, láthe biósas*) y no entrar en política. Debemos respetar las leyes del lugar y el tiempo en que vivimos, pero es fundamental cuidar en todo momento lo que él denomina «derecho por naturaleza», esto es, un código eterno y universal basado en el sentido común, en el respeto recíproco y en la humanidad, y solo esforzarnos al máximo en el cuidado de la comunidad de semejantes.

Horacio traicionó este precepto de su maestro cuando se avino a gozar de los privilegios artísticos y personales que la amistad de los hombres más poderosos de su época podía procurarle y se convirtió a todos los efectos en un poeta de corte. No obstante, decidió vivir apartado y se mantuvo lo más alejado posible de los fastos romanos. En sus obras siempre hubo lugar para el mensaje epicúreo, de manera que, en la carta en la que transmite al joven Sceva sus consejos para llegar a ser un perfecto cortesano, lanza un *láthe biósas*, que se apresura a desmentir a continuación, como corresponde a su corazón lleno de contradicciones:

El placer y la riqueza no corresponden solo al que tiene dinero,
y no se puede decir que haya vivido mal
el que ha estado en la sombra desde el nacimiento hasta la muerte;
pero si quieres ayudar a tus viejos
y concederte también a ti mismo
un tratamiento un poco más generoso,
tú que eres delgado acércate al que está bien gordo.

Elige la escuela más adecuada para ti

Después de haber dormido durante dieciséis siglos bajo las cenizas negras del Vesubio, que la cubrió por completo en la erupción del 24 de agosto del 79 a. C., la ciudad de Herculano salió a la luz en 1790 por casualidad, no gracias a los amorosos picos de los arqueólogos, sino durante las excavaciones para hacer un pozo. Además de las pinturas murales, los mosaicos y las esculturas, que estaban intactos, una de sus lujosas villas con vistas al mar nos regaló un tesoro inestimable: la única biblioteca antigua que ha llegado hasta nosotros. En una parte de la casa había casi dos mil objetos de forma alargada, amontonados y arrugados que, a primera vista, parecían pedazos de carbón o de pan, pero que, tras una mirada más atenta, resultaron ser libros: rollos de papiro similares al alga nori con la que se envuelven los *maki* de arroz en el restaurante japonés, solo que mucho más frágiles.

Los primeros que intentaron desenrollarlos sabían que, tratándose de la biblioteca de una villa importante, tenían delante una máquina del tiempo que podía resucitar numerosas obras maestras que se habían perdido en la Antigüedad. Pero, por desgracia, muchos rollos se desmenuzaron en las manos de los que intentaban abrirlos, de forma que, fueran cuales fueran las obras que contenían, estas desaparecieron para siempre, hasta que un sacerdote genovés, el padre Piaggio, inventó un bastidor que permitía efectuar esta operación sin romperlos.

A continuación, los arqueólogos y los filólogos iniciaron un trabajo monumental que, pasados tres siglos, aún está lejos de terminar. Toda Europa contuvo el aliento cuando se extendió el primer *volumen* intacto, lista para recibir con los brazos abiertos una de las numerosas obras de los grandes autores trágicos, líricos o históricos de los que hasta la fecha solo se disponía de noticias indirectas, sin que jamás se hubiera podido leer una sola palabra de ellos. El texto se publicó en 1754: era el cuarto libro de la obra *Sobre la música* de un tal Filodemo de Gadara, que había llegado a Italia, procedente de Jordania, hacia el año 80 a. C., y que era autor de unos modestos epigramas, ya conocidos por los estudiosos.

Solo quedaba confiar en los volúmenes sucesivos: dado que las técnicas de aquella época eran limitadas, los arqueólogos avanzaban lentamente, haciendo unos esfuerzos inmensos para conservar intacta la superficie del papiro y transcribir con el mayor cuidado su contenido antes de que la tinta se desvaneciese por completo al entrar en contacto con el aire. Pero las amargas bromas del destino no terminaron ahí: uno tras otro, los papiros siguieron restituyendo exclusivamente a la ávida curiosidad de los estudiosos las obras de Filodemo, incluidos sus apuntes y sus borradores de trabajo. Solo en el siglo XIX, cuando llegaron los ingleses con una buena dosis de energía y recursos, el trabajo se agilizó y dio la impresión de que la biblioteca quería premiar a los que le estaban prestando de nuevo la atención que merecía: entonces se abrieron los rollos que dieron a conocer uno de los libros más relevantes de Epicuro, *Sobre la naturaleza*, y los que contenían la obra de importantes filósofos del círculo epicúreo, además de, claro está, varios rollos más con textos de Filodemo. Los arqueólogos están convencidos de que este estuvo en la biblioteca filosófica, marcadamente epicúrea, de la villa de su amigo, que era lo suficientemente rico y poderoso para poder disponer de ella: según parece, la casa pertenecía a Lucio Calpurnio Pisón, el suegro de Julio César.

Es probable que, además de contar con la biblioteca, la Villa de los Papiros fuera la sede de una escuela dirigida por el filósofo jordano. De hecho, Filodemo sería el que importó en Italia el pensamiento epicúreo, que de Nápoles llegó a Roma, donde pasó por las manos de Lucrecio y luego por las de Horacio.

Por desgracia, la villa no se puede visitar en la actualidad, porque los arqueólogos aún están trabajando en ella, pero, si no nos asusta el *kitsch*, podemos echar un vistazo a las imágenes de la fiel reconstrucción que Paul Getty erigió a finales de los años sesenta en la playa de Malibú para albergar su colección de arte prehistórico y antiguo, o incluso coger un avión para sumergirnos en la belleza de las obras que hay recogidas en su museo y sentir por un momento el privilegio de ser alumnos de la única escuela cuya enseñanza principal era la alegría de vivir.

Paseando entre los cuadros, los jardines y las terrazas con vistas al mar podremos fantasear sobre las jornadas de estudio y las cenas en las que la conversación, acompañada de vino e iluminada por la luna, saltaba de la vida sencilla a los máximos sistemas. Entonces la *psyché* resplandecía y unía de manera mágica el corazón y la mente, el hemisferio derecho con el izquierdo, como enseñaban a hacer los *gimnosofistai* y como nos sucede también a nosotros cuando cantamos el mantra sagrado *om* o bebemos una copa con nuestros amigos más queridos. Por lo demás, el maestro Epicuro nos lo prescribe con claridad:

> Hay que reírse, hablar de filosofía y organizar la vida juntos, disfrutando de los amigos más íntimos que tenemos y no dejando nunca, bajo ningún concepto, de transformar nuestros mejores pensamientos en palabras.

Cada uno de nosotros sabe cuáles son sus personales jardines epicúreos: poco importa que estén entre las mesas de nuestro bar preferido, en una terraza a orillas del mar o en la cocina de nuestra casa. Lo que sirve es muy sencillo, pero en manera alguna banal, y el resultado, como escribió Nietzsche, es un puro lujo: «Un jardín, higos, quesos pequeños y tres o cuatro buenos amigos: esta fue la suntuosidad de Epicuro».*

---

* Friedrich Nietzsche, *El caminante y su sombra*, traducción de Luis Díaz Marín, editorial Edimat, 2000 *(N. de la T.)*.

Allí podremos nutrir el cuerpo y el alma con todo el cuidado que merecen, recordando que la alegría, además del placer momentáneo que puede procurarnos, es, según el maestro, una auténtica medicina contra la insatisfacción que nos aflige hoy en día, igual que hace veinticuatro siglos:

> Un razonamiento filosófico no sirve para nada si no puede curar un sufrimiento humano: al igual que es inútil la medicina si no cura las enfermedades del cuerpo, también lo es la filosofía que no logra liberar el alma del dolor.

> No hay que presumir de filósofos, sino reflexionar de verdad: de hecho, no nos sirve para nada dar la impresión de estar bien, lo que queremos es sanar de verdad.

Por suerte, en la actualidad, desde Europa del norte a las laderas del Etna, los niños pueden empezar desde muy pequeños su trayectoria de estudios epicúreos gracias a la creación de guarderías en los bosques, donde, antes de aprender a leer, a escribir, a contar, a teclear en el ordenador, a ponerse en fila de tres y a responder siempre que sí, pueden corretear por la naturaleza y explorar el mundo. Confiamos en que esto pueda ayudarlos a robustecer el cuerpo y la *psyché*, y a desarrollar unos anticuerpos magníficos que los ayudarán a evitar las enfermedades en el futuro. Además, es dulce pensar que la primera guardería en el bosque de Italia se abrió en Ostia, no muy lejos de la casa de campo donde escribía Horacio.

Sueña con los ojos abiertos

Quién sabe si también a los huéspedes del Jardín de Epicuro o de la escuela de Filodemo en Herculano les sucedía, como a nosotros, que después de ciertas veladas especiales, la *psyché* les regalaba sueños igualmente especiales, de esos que perviven durante horas en nuestros ojos y que sentimos deseos de contar a todos los que se cruzan en nuestro camino. Epicuro habría cabeceado en estos casos: para liberar a sus contemporáneos del juego de las supersticiones decía, entre otras cosas, que los sueños no tienen origen divino ni el poder de anticipar el futuro. Sin embargo, nosotros, que tenemos la suerte de haber sido precedidos por maestros como Jung, Jodorowsky o los neurocientíficos con sus asombrosos viajes por la conciencia humana, no estamos obligados a tomárnoslos demasiado en serio para poder disfrutar del poder que tienen sus imágenes e incluso de un toque de psicomagia. El *spa* en el que estamos pasando el fin de semana, la casa en la montaña de nuestros abuelos o nuestra cama después de una cena particularmente buena pueden convertirse sin problemas en el *asklepiéion* en el que el sueño aconseja y borra los disgustos.

Los antiguos griegos iban a curarse a estos «centros de bienestar» dedicados al dios Asclepio, como se deduce de los exvotos recogidos en el museo de Epidauro, donde estaba el *asklepiéon* más importante y famoso del mundo griego. En él se sometía al enfermo a un rígido *detox* que incluía varios días de ayuno, alimentación controlada, ejercicio físico y juegos de inteligencia antes de poder acceder a las salas sagradas, donde dormía hasta que se manifestaba el sueño reparador, en el que luego se basaban los sacerdotes para prescribir remedios personalizados.

Según el maestro Epicuro, no era necesario ningún ritual para poder cambiar de piel como la serpiente de Asclepio —la que seguimos viendo hoy en día enroscada en el letrero de la farmacia de la esquina—, porque pensaba que cualquiera podía salvarse de la infelicidad con el *tetraphármakon* de la conciencia: liberarse del miedo a lo desconocido (representado por los dioses y por el más allá) y del miedo a la muerte, teniendo presente que el placer está al alcance de todos y que el dolor corporal, al igual que el del alma, o es intenso y dura poco, o es leve y tarde o temprano se aprende a soportarlo.

Horacio, que se había provisto del «fármaco en cuatro dosis» del maestro, quizá solo habría sonreído y mascullado entre dientes el *sapere aude* que escribió en una carta a un amigo mucho más joven que él justo después de la invitación a aprender más sobre el alma humana de los poetas que de cierto tipo de filosofía y justo antes de un elogio maravilloso de la sencillez epicúrea:

Los bandidos se levantan por la noche
para degollar a la gente;
¿y tú no tienes fuerzas para despertarte y levantarte
para dedicarte a ti mismo?
Si no lo haces ahora, que estás sano, ¡deberás apresurarte cuando
estés tan hinchado como un odre! [...]
Ten el valor de ser consciente y empieza enseguida.
Quien pospone el momento de empezar a vivir
la vida justa
es como el campesino que espera a que el torrente
deje de fluir;
el agua del río fluye y siempre fluirá,
igual que fluye la eternidad caprichosa.

Encuentra un teatro lo bastante grande para tus palabras

Hay muchas maneras de atesorar el mensaje de nuestros maestros, que a estas alturas son casi nuestros amigos, y de emularlos en la «transformación de nuestros mejores pensamientos en palabras» para compartirlas con las personas afines en la manera que prefiramos. Una de las más elegantes podría ser regalar a los amigos que se lo merecen una verdadera carta, como aquellas en las que Horacio confesaba con palabras sutiles e irónicas sus sentimientos más profundos, o las de Epicuro, que salieron a la luz con los papiros de Herculano y que también se pudieron leer en la pared donde Diógenes de Enoanda, un apasionado admirador del maestro, hizo transcribir en el segundo o tercer siglo después de Cristo una selección de pasajes de sus obras: unos fragmentos quizá minúsculos, pero preciosos, en los que podemos entrever la dulzura que, a todas luces, él no consideraba solo como un objetivo filosófico, sino como una auténtica manera de ser.

También nosotros podemos hacer algo especial sin necesidad de ensuciar las paredes de nuestro barrio o los muros de las redes sociales, poniendo nuestros mensajes de amor y amistad a la vista de todos los *óchloi*. Entrar en la papelería y comprar el papel más bonito que veamos,

probar la punta de diez bolígrafos distintos antes de elegir el que queremos usar (quizá una pluma estilográfica
con la tinta verde, como la que usaba Neruda para escribir), será de por sí una psicomagia maravillosa. Ver nuestros pensamientos desenredándose en el folio y recordar
que también sabemos escribir así, para crear una obra de
arte única, íntima e irreproducible, destinada únicamente
a dos ojos, es uno de los mayores lujos que podemos
concedernos hoy en día. Puede que robando también al
maestro una de las frases más dulces de sus cartas, que,
a su vez, conocemos a través de una epístola de Séneca:

> Estas cosas no se las digo a muchos, sino solo a ti, dado
> que los dos somos un teatro tan grande el uno para el
> otro.

TERCERA PARTE
Rueda por el mundo

13

Mira a las estrellas a la cara

Si el mundo es un pulular de efímeros cuantos de espacio y de materia, un immenso juego de construcción de espacio y partículas elementales, ¿qué somos nosotros? ¿También estamos hechos solo de cuantos y de partículas? Pero, entonces, ¿de dónde viene esa sensación de existir de manera singular y en primera persona que experimenta cada uno de nosotros? Entonces, ¿qué son nuestros valores, nuestros sueños, nuestras emociones, nuestro propio saber?*

* Carlo Rovelli, *Siete breves lecciones de física*, traducción de Francisco J. Ramos Mena, Anagrama, 2016 *(N. del E.)*.

Llegado cierto momento, todos los niños de la historia de la humanidad, al igual que todos los filósofos, se han planteado las mismas preguntas que se hace el físico Carlo Rovelli (puede que con alguna alusión menos a los cuantos y a las partículas elementales, pero el sentido era ese). De hecho, cuesta encontrar otras más sensatas, importantes y capaces de influir en cualquier paso que demos en nuestra vida en función de la respuesta que decidamos dar, mientras exploramos el mundo a tientas.

De las tres cartas principales de Epicuro que han llegado hasta nosotros, una está dedicada al universo infinitamente pequeño de los átomos, otra al infinitamente grande de los cuerpos celestes y otra a un elemento intermedio, que sirve de medida y objetivo para este viaje a los cuatro rincones del cosmos: el hombre, con su deseo de felicidad, de conocimiento y de armonía con las necesidades que la naturaleza le impone.

Por desgracia, sin embargo, el celo con el que analizó el mundo no obtuvo un gran éxito; al contrario, cabe decir que su pensamiento científico no tardó en convertirse en un clamoroso fracaso. Según los historiadores, en un primer momento debió de ser objeto de honores y reconocimientos, pero dos siglos después de su muerte autores tan importantes como Plutarco y Cicerón se ensañaron con él y le dedicaron unas palabras de inaudita crueldad: en el plano ético lo acusaron de ser una bestia y en el científico de no haber dicho nada nuevo:

> A la filosofía griega parece sucederle lo que no debe suceder a una buena tragedia: un final débil. Da la impresión de que la historia objetiva de la filosofía en Grecia termina con Aristóteles, el Alejandro Magno de la filosofía griega […] La filosofía epicúrea —se piensa— es una agregación sincrética de la física de Demócrito y de la moral cirenaica.*

Así empieza la tesis de licenciatura en Filosofía con la que, en 1841, un estudiante alemán se atrevió a dar un vuelco a la opinión, común desde la Antigüedad, de que Epicuro se había limitado a copiar (y encima mal) la teoría de los átomos de Demócrito. En cambio, esta tesis destacó la importancia del aspecto que tantos habían atacado de la física epicúrea: el hecho de que la caída de los átomos

---

* Karl Marx, *Diferencia de la filosofía de la naturaleza en Demócrito y Epicuro*, editorial Ayuso, 1971 *(N. de la T.)*.

no siga un esquema rígidamente preestablecido, sino que pueda desviarse de su rumbo.

Lo que Epicuro llama παρέγκλισις (*parénklisis*) y Lucrecio *clinamen* es simplemente una ligera elusión de su infinito rodar, pero las posibilidades que abre en todo el sistema de pensamiento son extraordinarias. Se podría decir que un pequeño paso para el átomo es un gran paso para la humanidad, porque la libertad de acción del más minúsculo de los elementos naturales conocidos por aquel entonces prefigura una enorme revolución cultural al abrir paso a la idea de que cualquier hombre puede tomar las riendas de su destino y tener espacio para abandonar el esquema que el mundo ha dispuesto para él. El estudiante de la Universidad de Jena —al que apasionaba la obra del filósofo de segunda categoría sobre el que estaba trabajando, como suele suceder en estos casos— sintetizó la cuestión de su tesis con estas palabras:

Así pues, al igual que el átomo se libera de su existencia relativa, la recta, abstrayéndose de ella, alejándose, toda la filosofía epicúrea se aparta de la existencia limitadora. [...] De esta forma, el objetivo de la acción es la abstracción, el distanciamiento del dolor y la turbación, la ataraxia. Así pues, lo bueno es el retroceso de lo malo, el placer el retroceso de la pena. [...] Por tanto, en Epicuro la atomística, con todas sus contradicciones, se ha desarrollado y completado como ciencia natural de la autoconciencia.

El joven parecía destinado a realizar una brillante carrera académica, pero no pudo profundizar más en su investigación, porque unos compromisos cada vez más ineludibles lo apartaron de ella. Cuando tenía veintitrés años, Karl Marx estaba locamente enamorado de su novia y no veía la hora de casarse; además, empezaba a sentir la urgencia de dedicar sus escritos a temas más políticos que filosóficos, mientras, alrededor de él, la represión cultural y social se agravaba.

En cambio, para Epicuro no existía una misión más alta y necesaria que liberar al hombre de la ansiedad a través de la ciencia. La comprensión del mundo que nos rodea y la conciencia de lo que somos son los mejores instrumentos para que las personas estén serenas y puedan dedicarse por fin al objetivo más importante: ser felices. Como escribe el maestro en una de sus *Máximas capitales*:

Si no nos atormentara nunca el temor a que los fenómenos celestes y la muerte guarden relación con nuestra vida, y a la incapacidad de comprender el límite de lo que nos hace sufrir y de lo que deseamos, no necesitaríamos estudiar la naturaleza.

A los sesenta y dos años, después de haber ayudado a sus alumnos a emanciparse de las mil esclavitudes que puede generar el miedo a la muerte, salió al encuentro de su final con el mismo estilo y dulzura con los que había vivido, como nos cuenta Diógenes Laercio:

> Cuando estaba a punto de morir, entró en una tina de bronce llena de agua caliente, pidió vino puro y lo apuró de un sorbo. Tras pedir a sus amigos que no olvidaran sus pensamientos, expiró.

Una muerte que hoy en día solo podemos envidiar, dado que, con frecuencia, el precio que debemos pagar por los progresos de la medicina es tener que pasar los últimos días de nuestra vida en una cama con barandilla, con el cuerpo deshumanizado por los tubos, rodeados de extraños y sin la menor consideración por la sacralidad del paso que nos disponemos a afrontar.

Por suerte, muchos hospitales se están equipando cada vez mejor para que, al menos, el nacimiento sea más dulce, íntimo y natural, ofreciendo a las familias unos espacios que respondan a sus exigencias emotivas, además de a las prácticas. Partiendo de los primeros experimentos holandeses y franceses, en la actualidad se están aplicando en todo el mundo unas medidas tan simples como revolucionarias para mejorar los procedimientos y los ambientes, incluida la posibilidad de vivir el parto en unas bañeras bastante parecidas a la tina de Epicuro. Puede que un día los nuevos protocolos prevean que la comadrona, después de haber cortado el cordón y de haber comprobado que el recién llegado tiene todo lo que se requiere para estar «como un dios entre los hombres», pueda ofrecer a los padres una buena copa de vino y brindar con ellos para celebrar el acontecimiento más alegre en el que podemos tener el honor de participar.

Aprende a sentir la saciedad

Noviembre de 1922. Albert Einstein se había liberado hacía tiempo del aburrido puesto de empleado en la oficina de patentes, acababa de ganar el premio Nobel y empezaba a dar mucho que hablar. Ese día en Tokio no debía de llevar encima mucho dinero, porque no sabiendo cómo dar las gracias al joven que le había entregado un paquete, se le ocurrió garabatear unas notas al vuelo en un par de hojas del bloc del hotel. Casi puedo verlo, con el pelo desgreñado y su dulcísima sonrisa, mientras se lo tiende diciéndole: «Quizá un día valgan algo y puedas venderlas».

A finales de 2017 los apuntes se vendieron en una subasta en Jerusalén por la módica cifra de un millón y medio de euros. En una figuraba escrito «el camino está donde hay voluntad» y en la otra un pensamiento que es inevitable que nos recuerde a alguien: «Una vida tranquila y modesta procura más alegría que la búsqueda del éxito unida a una agitación perenne».

Parece improbable que Einstein conociera la carta del filósofo neoplatónico Porfirio a su esposa, en la que este cita la siguiente máxima de Epicuro:

Te conviene dormir tranquilo en un jergón de paja, en lugar de dar vueltas ansioso en una casa con la cama de oro y una mesa puesta con todos los lujos.

Tampoco sabemos cuándo y cómo el científico alemán podía haber leído la obra del que, en aquella época, estaba considerado como uno de los pensadores menores de la filosofía antigua. Con todo, es posible que, encima de la mesilla de la que había cogido el bloc de apuntes con el logotipo del Imperial Hotel de Tokio hubiera, como lectura para la noche, un borrador de *De rerum natura* de Lucrecio, que dos años más tarde se publicó en Alemania con un prefacio suyo. Lo que es seguro es que la trayectoria del átomo sobre la que nos informa Lucrecio con tanta pasión y detalle debía parecer tan ingenua como unos dibujos animados a ojos del que había explicado al mundo la teoría de la relatividad restringida. En cualquier caso, lo que fascinó a Einstein fue la actitud orgullosamente humanista del poeta epicúreo y la libertad de pensamiento que este reivindicaba alzando la voz. Esto es lo que escribió para acompañar la traducción al alemán del poema:

> La obra de Lucrecio hechizará a cualquiera que no haya sido engullido por el espíritu de nuestra época y que sea aún capaz cultivar la capacidad de sentirse un simple espectador de la aproximación al conocimiento de sus contemporáneos.

En total sintonía con la visión epicúrea, Einstein consideraba fundamental el aspecto humano de la ciencia. El fin último de la investigación sobre la naturaleza es dar a las personas fuerza y conciencia; por otra parte, el método científico está obligado a poner el acento en la experiencia del investigador. Unos temas que, un siglo más tarde, tienen más sentido que nunca.

La religión también podría haber sido tema de una interesante conversación entre el premio Nobel y el filósofo del Jardín: su común laicidad social y cultural no contradice en modo alguno el profundo sentimiento religioso que animó a los dos. La idea de que los dioses no influyen en la vida de los hombres y de que la muerte pone punto final de manera irremediable a nuestro tiempo no resta una pizca de magia al que es capaz de mirar el mundo con auténtico estupor. También estos fragmentos parecen de Epicuro, pero son de Einstein:

No puedo concebir un Dios que recompensa y castiga a sus criaturas y que ejerce una voluntad similar a la que experimentamos en nosotros mismos. Ni sé imaginarme y desear a un individuo que sobreviva a su muerte física: deja que las almas frágiles se nutran de estas ideas por miedo o egoísmo. A mí me basta el misterio de la eternidad de la vida, la conciencia y el presentimiento de la admirable estructura del mundo en que vivimos, además del esfuerzo incesante para comprender una partícula, por pequeña que sea, de la Razón que se manifiesta en la naturaleza.

Vemos un universo maravillosamente ordenado que respeta unas leyes precisas, pero que solo podemos comprender de manera confusa. Nuestros pensamientos no pueden aferrar la fuerza misteriosa que mueve las constelaciones.*

Al margen del nombre que cada uno de nosotros quiera dar a la fuerza misteriosa que mueve las constelaciones, mientras en alguna parte del mundo se preparan las sondas para desembarcar en Marte, nosotros, niños de todas las edades, podemos seguir contemplando las estrellas y encantarnos buscando los dibujos que se forman en el cielo, ya sea a través de la lente de un telescopio, asomados a una ventana de casa o desde la proa de un barco anclado en una cala desierta.

Cada vez más abiertos, como enseña el premio Nobel de química, Kary Mullis, a abrazar la idea de un método puramente empírico, para no acabar «totalmente engullidos por el espíritu de nuestra época» y superar las rigideces de la ciencia positivista, que tachaba de superstición todo lo que aún no había sido catalogado. Desde este punto de vista, como propone Mullis, podremos incluso conceder una oportunidad y prestar atención al antiguo arte de los astrólogos (no me refiero a los «números

---

* Albert Einstein, *Mis ideas y opiniones*, traducción de José Mª Álvarez Florez, Antonio Bosch editor, 2011 *(N. de la T.)*.

babilonios» del periódico, que nos dicen cómo debemos comportarnos el próximo miércoles, sino al estudio que saca a la luz ciertas tendencias de nuestro carácter que podrían estar condicionadas por los misteriosos influjos del universo que nos rodea).

Según el maestro Epicuro, el hombre que no tiene miedo de mirar al cosmos, las estrellas y la muerte a la cara es un hombre libre. Cuando el sabio domina la visión de la naturaleza, la observación científica se convierte en el éxtasis de sentirnos abrazados por el universo y de pertenecer hasta con la parte más minúscula de nuestro ser a una naturaleza desmesurada, que, al recordarnos lo que somos, nos libera de nuestras ansias y nos incita a la alegría. A veces con una sacudida leve, pero firme: sucede cuando una tragedia, como la pérdida de un ser querido, una enfermedad o el final de una relación, nos despierta de un periodo de apatía y nos recuerda lo preciosa que es la vida.

Igual que hace en los versos de Lucrecio la naturaleza, que, harta de ver a los humanos perdiendo tiempo, atormentándose por nada, opta por tomar la palabra en primera persona para transmitir un mensaje de esta importancia:

Imagina que, de repente, la naturaleza puede hablar
y que, con voz atronadora

decide reprender a uno de nosotros
de esta forma:
«¡Mortal! ¿Qué es lo que tanto te fatiga que
te dejas llevar por una desesperación tan desgarradora?
¿Por qué te lamentas de la muerte y lloras?
Si hasta ahora has acogido la vida con gratitud
y no has permitido que los momentos preciosos
fluyeran como en un jarrón agujereado, hasta desaparecer
sin dejarte ninguna satisfacción,
¿por qué no saludas a la vida como un invitado
saciado después de un banquete,
loco, que no eres otra cosa?
Cuando te resignes, gozarás
de un sosiego interior que nada en el mundo podrá turbar».

Erige un monumento

También Epicuro sintió sin duda la misma llamada imperiosa y apocalíptica de la naturaleza, digna de una película de Monty Phyton, porque en su despedida de la vida manifestó precisamente ese tipo de gratitud. Mientras agonizaba, escribió a su amigo Idomeneo para hablarle de la batalla que estaba combatiendo con la cabeza bien alta contra unos enemigos insidiosos e implacables:

Te escribo esta carta en un día feliz, que es también el último de mi vida. Un dolor desgarrador en la vejiga no me da tregua y la disentería me aflige sin piedad, haciéndome sufrir de manera atroz. Pero, contra estos enemigos puedo desplegar la alegría que siento en el corazón al recordar todos los razonamientos que hemos compartido.

El recuerdo tiene el poder de arrancar al tiempo un pedazo de realidad, que en nosotros sigue viviendo en el presente. O de existir sin más, como sugiere el pasaje más atroz e intraducible de este testamento espiritual: los «razonamientos que hemos compartido», γεγονότων ἡμῖν διαλογισμῶν (gegonóton hemín dialogismón). La traducción más límpida sería «que hemos vivimos juntos», que «han existido entre nosotros», para referir con toda su potencia el verbo más descarnado de la lengua griega γίγνομαι (gígnomai): el puro y simple «ser, devenir, suceder».

Al igual que una foto, el eterno gígnomai del recuerdo logra inmortalizar, es decir, engañar a la muerte, al final de las cosas, «la infinita sucesión de los años por venir o de las estaciones que vuelan» en un abrir y cerrar de ojos, como oíamos decir a los viejos cuando éramos jóvenes.

Esto vale tanto para el recuerdo que nos llevamos con nosotros como para el que confiamos al que se queda:

He creado un monumento más duradero
que una estatua de bronce,
más alto que las pirámides con su mole real.
No podrá derruirlo la lluvia voraz
ni el viento desenfrenado de tramontana,
ni la infinita sucesión de los años por venir
o de las estaciones, que vuelan.
No moriré del todo, pero una gran parte de mí
logrará escapar de Libitina.

El tiempo ha dado la razón a Horacio: de las numerosas estatuas de bronce que por aquel entonces se veían en todas las ciudades y que representaban el *non plus ultra* de la solidez y de la perfección estética, las que escaparon de Libitina, la antigua divinidad etrusca de la muerte, se cuentan en la actualidad con los dedos de una mano. La guerra enloquece de tal manera a los hombres que hace concebir a algunos la idea —y convencer a otros de tomársela en serio y ejecutarla— de arrojar al fuego una obra maestra de la humanidad y fundirla para hacer bolas de cañón que luego sirvan para matar. Si no fuera por los pocos que nos ha devuelto el mar, como los bronces de Riace o el sátiro danzante de Mazara del Vallo, y los tesoros de Herculano y de Pompeya, no tendríamos siquiera la posibilidad de poder comparar el vigor perdido de las estatuas originales de bronce y sus imitaciones de mármol, literalmente mucho más pálidas.

Como compensación, la obra de Horacio sigue desafiando impertérrita «la infinita sucesión de los años» con su potencia poética y su alegría, como él previó con orgullo. Un monumento duradero, comedido y elegante, que no tiene nada que ver con la pirámide Cestia, recuerdo perenne de la arrogancia de un panadero enriquecido, que quiso hacerse un mausoleo faraónico, sino que, al contrario, se caracteriza por la sencillez y la magia intemporal de las pirámides de Egipto. Como el que esperamos poder dejar un día (¡confiemos en que bastante lejano!) con nuestra obra de arte más frágil y preciosa: la sucesión no infinita de las estaciones que vuelan.

14

Besa a quien quieras

Pasamos enseguida a las malas noticias: el final lacrimógeno de *Desayuno en Tiffany's*, la novela de Truman Capote, en el que Paul y Holly se besan bajo la lluvia en un sucio callejón de Nueva York abrazando al gato que acaban de encontrar, no existe.

No hay ninguna promesa de amor lacerante, ningún desenlace inesperado para la muchacha salvaje, que en el último instante renuncia a volar a Brasil y elige arrojarse en brazos de quien la comprende de verdad y sabrá amarla respetando su espíritu libre e independiente. No: en la historia original Holly Golightly viaja a Brasil para reunirse con su novio rico y el narrador no vuelve a saber nada de ella. Su último mensaje fue una tarjeta postal desde Argentina, y luego se sumió en el silencio. De repente, sin embargo, recibe noticias de África que quizá podrían dar alguna pista sobre ella.

Pero en 1958 no existían las redes sociales y si alguien quería desaparecer sin dejar huella podía hacerlo sin problemas. Así pues, no se sabe si la joven en cuestión es ella y, en cualquier caso, no puede escribirle, porque ha abandonado ya el remoto poblado ecuatorial. Holly se ha perdido en el mundo, pero, al menos, se sabe que el gato «ha encontrado por fin un arreglo», como dirían nuestras abuelas:

Pero, sobre todo, quería hablarle de su gato. Había cumplido mi promesa; le había encontrado. Me costó semanas de rondar, a la salida del trabajo, por todas aquellas calles del Harlem latino, y hubo muchas falsas alarmas: destellos de pelaje atigrado que, una vez inspeccionados detenidamente, no eran suyos. Pero un día, una fría tarde soleada de invierno, apareció. Flanqueado de macetas con flores y enmarcado por limpios visillos de encaje, le encontré sentado en la ventana de una habitación de aspecto caldeado: me pregunté cuál era su [96] nombre, porque seguro que ahora ya lo tenía, seguro que había llegado a un sitio que podía considerar como su casa. Y, sea lo que sea, tanto si se trata de una choza africana como de cualquier otra cosa, confío en que también Holly la haya encontrado.*

African hut or whatever, todos esperamos encontrar en el corazón de otro ser humano un lugar adecuado para nosotros, donde nos llamarán con un nombre especial y podremos roncar tranquilos encima del radiador o explorar libremente el mundo. Para empezar, nos aseguraremos de que la ventana permanezca abierta para poder bajar de un salto del alféizar lleno de flores y dar un paseo cada vez que tengamos ganas, sin importar el tiempo que haga. Los gatos son muy perezosos, pero de vez en cuando necesitan desentumecer las patas e ir a inspeccionar los alrededores, porque, en caso contrario, se ponen nerviosos y ya se sabe que eso no nos conviene.

Según parece, Epicuro encontró esa casa en el año 306 a. C., cuando se instaló en Atenas y compró, por el precio irrisorio de ochenta minas, la pequeña casa donde vivió el resto de su vida y el Jardín donde cultivó la filosofía con sus amigos más queridos y con todos los que

---

* Truman Capote, *Desayuno en Tiffany's*, traducción de Enrique Murillo, editorial Anagrama, 1987 *(N. de la T.)*.

quisieron seguir sus enseñanzas, incluidas las mujeres y los esclavos, lo que supuso una gran novedad y un escándalo en su época.

Dicen que allí vivía con el gran amor de su vida, Leoncia. Los historiadores cuentan que esta tenía por costumbre pedir cincuenta dólares para el traje de fiesta antes de presentarse a un convite, y que, al igual que las geishas japonesas, que Holly Golightly y Aspasia, la compañera de Pericles, era una hetaira, es decir, una acompañante de altísimo nivel en aquellos años.

Mujeres cultas, independientes y elegantes: las únicas que en la antigua Grecia tenían derecho a poseer dinero, a sentarse a la mesa con los hombres y a dedicarse al arte y a la cultura con el mismo empeño que prestaban al cuidado de su cuerpo. No tenían nada que ver con las prostitutas y, dada su capacidad de pasar de la alegría estética a la de la conversación, a menudo se unían de manera exclusiva a hombres relevantes. Igual que las amigas en las que se inspiró Truman Capote para crear el personaje de Holly, que en los puritanos Estados Unidos de los años cincuenta resultaba rompedor y adelantado para su tiempo, superando de esta forma la rígida distinción entre las buenas chicas y «las demás», «Doris Day o Marylin Monroe».

Con la esperanza de que un día los papiros de Herculano nos den más información valiosa (¡quizá todas sus cartas de amor!) para inspirarnos en la vida privada de nuestro filósofo, pero, por encima de todo, para conocer mejor sus ideas sobre el amor, solo podemos recurrir a una de las poquísimas notas en las que Epicuro aborda este tema: la perla con la que explica con más claridad que nunca su enfoque equilibrado de los placeres de la vida:

> Lo que hace dulce la vida no es asistir continuamente a festines o fiestas desenfrenadas, ni gozar de los jóvenes, las mujeres, las cenas a base de pescado y todas las delicias que puede ofrecer una mesa para la que no se ha reparado en gastos, sino evaluar con sobriedad: ya sea para averiguar el motivo de todo lo que decidimos tener o apartar de nosotros, o para liberarnos de las preocupaciones, que traen a nuestra alma una inquietud enorme.

Lo poco que sabemos sobre el maestro se lo debemos, sobre todo, a Diógenes Laercio, el compilador que quizá habría dicho alguna palabra más sobre él si solo hubiera podido imaginar que un día iba a ser el mayor bote de salvamento de un naufragio cultural: Diógenes Laercio es, de hecho, una de las poquísimas fuentes de muchos filósofos cuya obra ha desaparecido con el tiempo. A Epicuro está dedicado uno de los retratos más tristes y llenos de admiración de las *Vidas de los filósofos*. Diógenes cita en él las tres cartas por las que conocemos su pensamiento, además del testamento y de algunos datos sobre su vida, incluidos los chismes que abundaron sobre él:

> Dicen que [...] prostituyó a uno de sus hermanos y que se servía de la meretriz Leoncia. Que se arrogó los escritos de Demócrito acerca de los átomos y los de Aristipo acerca del deleite.*

Según sus calumniadores, además de con Leoncia, Epicuro mantuvo relaciones amorosas con muchas hetairas más, con una tal Temista (que estaba casada) y con Pitocles, un joven famoso por su belleza: el mismo al que dedicó la carta sobre los fenómenos celestes y del que habla en la pieza citada por Séneca, donde afirma que si quieres enriquecer a alguien no debes aumentar sus bienes, sino ayudarlo a aligerar sus deseos.

Conociendo sus enseñanzas, cuesta creer a sus adversarios; más aún, nos gustaría tenerlos delante para subrayarles dos o tres aspectos que marcan la profunda

---

* Diógenes Laercio, *Vidas, opiniones y sentencias de los filósofos más ilustres*, traducida directamente del griego por José Ortlz y Sanz, Biblioteca Virtual Miguel de Cervantes (*N. de la T.*).

diferencia que existe entre la invitación al hedonismo *tout court* de Aristipo y «lo que hace dulce la vida» para Epicuro. Con la complicación y la magia que supone que la idea de dulzura de la que hablamos tan a menudo (*ἡδύς, hedýs*) sea hermana gemela del concepto de placer, el *hedoné* (*ἡδονή*) con el que ya sus contemporáneos lo desvirtuaron, olvidando sus palabras y cayendo en los mismos prejuicios contra los que nos había puesto en guardia.

No te asombres de los ataques por sorpresa

Sabemos mucho más del amor que sentía Horacio por Cinara, que también era una hetaira por la que el poeta perdió la cabeza en su juventud y a la que añoró durante el resto de su vida (o casi), dado que, con el pasar de los años, su cinismo impregnado de autoironía llegó al punto de hacerle sentir nostalgia de la época en la que aún sabía emocionarse con la añoranza del amor perdido. Esta es la lista de peticiones imposibles que Horacio dirigió a su amigo Mecenas en una de sus epístolas para conjurar el ruego de que volviera a la ciudad:

> ¿De verdad quieres que esté siempre contigo?
> En ese caso, devuélveme el vigor, el pelo negro en la frente,

devuélveme la dulzura en la conversación,
la compostura en la alegría
y la nostalgia de la orgullosa Cinara, que ya no es mía,
cuando exagero con el vino.

La bella Cinara murió joven y se mantuvo siempre espléndida en el recuerdo de Horacio, mientras que los demás, incluido él, sentían el peso de los años. En una de sus odas el poeta no se contiene al lanzar flechas envenenadas contra la pobre Lice, la loba (en la actualidad diríamos más bien la *cougar*) que no se rinde y sigue vistiéndose y enjoyándose, bailando y bebiendo sin pudor, confiando atraer así, en vano, las gracias de Cupido. Pero el dios del amor (*lentum Cupidinem*) tarda en llegar, suele estar muy ocupado con las jóvenes más frescas y atractivas. Después de haberla llamado «encina reseca», arrugada y con el pelo cano, Horacio se explaya descubriendo sus cartas y revelándonos la verdadera culpa que no logra perdonar a Lice: quizá, cuando era joven, el poeta abandonó a Cinara porque se había prendado de ella, que era aún más hermosa. ¿Cómo se permite mostrarse ahora tan diferente de la muchacha que antaño lo «raptó»?:

Maldición, ¿dónde ha escapado Venus,
donde está tu piel de melocotón,

tu porte elegante?
Qué te queda de la maravilla que eras,
de la maravilla que olía a amor
que me raptó,
de la afortunada que vino después de Cinara,
de la que tantos apreciaban
y que era para mí el mejor ejemplo
de las artes más estimadas?

A pesar de que el desahogo del poeta contra Lice hoy puede parecernos de una crueldad irracional y del todo *politically incorrect*, en lo más profundo de nuestro corazón comprendemos la rabia de Horacio: las personas que queremos deberían tener la decencia de irse a Argentina o a una cabaña africana para que podamos conservar intacto el mágico recuerdo que tenemos de ellas sin tener que enfrentarnos a su decadencia (que, de manera inevitable, nos obliga a afrontar la nuestra) o, peor aún, a su esplendor, que ya no nos pertenece.

Además, ¿cómo no perdonar al que, como Horacio, es capaz de una autoironía aún más punzante que las flechas que reserva a los demás? En una oda dedicada a Venus, por ejemplo, se enfada consigo mismo por haber envejecido tanto. Al llegar a la decrépita edad de cincuenta años, ruega a la diosa que lo deje en paz y que vaya a atormentar a otro más joven y lleno de energía, que pueda «celebrar dos veces al día tu divinidad»:

> Te lo ruego, te lo ruego, déjame en paz.
> Ya no soy el de antes,
> terminó la época de la reina Cinara.

La paz de los sentidos se ha visto turbada por un encuentro que ha devuelto al poeta la torpeza, los sueños eróticos y los latidos de la época dorada:

> ¿Por qué, maldita sea, por qué, Ligurino,
> resbala por mis mejillas una lágrima solitaria?
> ¿Por qué mi lengua,
> que no suele estar escasa de palabras,
> se hunde en silencio en medio de los discursos
> sin la menor dignidad?
> Pero de noche, mientras sueño,
> te aferro y te abrazo estrechamente,
> o, pajarito mío, te persigo
> por la hierba del Campo de Marte
> o entre las olas desdeñosas, mi cruel.

Por suerte, también en nuestros días sucede que el corazón tiene más fuerza y resiliencia que la mente y que

Venus es capaz de atacarnos sin piedad y por sorpresa cuando menos nos lo esperamos. Nunca podemos prever de dónde llegará el próximo dardo amoroso, menos aún podían hacerlo los antiguos, que en sus relaciones pasaban con toda normalidad de la matrona enjoyada a la *escort* o al jovencito. La moral de los griegos y de los romanos era mucho más abierta que la nuestra, sobre todo (para variar) en el caso de los hombres, a los que se les permitía cualquier tipo de encuentro amoroso, en el ámbito de una bisexualidad muy difundida, llegando a excesos que hoy en día consideramos atroces, como las esposas niñas en la Roma imperial o los derechos sexuales que los amos tenían sobre sus esclavos.

Cuenta hasta dos

En cualquier caso, en la época de Epicuro y de Horacio la idea de encontrar en una sola persona todo lo que buscamos en el amor era inconcebible.

Al igual que los antiguos, en la actualidad los jóvenes están familiarizados con conceptos como la fluidez sexual o el llamado «poliamor». Abolida la necesidad de darse a sí mismos o a la relación que están viviendo una etiqueta, y aún menos de reprimir los impulsos que pueden llevarlos a otro lugar o de ocultar una porción de vida, son libres de relacionarse con sus semejantes sin ningún tipo de expectativa ni compromiso, tomando lo mejor de cada uno y dando a cada uno lo mejor de ellos mismos.

Para los que, en cambio, tienen unos cuantos años más, la idea de tener varias relaciones a la vez puede suscitar un profundo temor, que no solo es de carácter ético, sino también práctico. En muchas ocasiones parece ya insuperable el esfuerzo de dedicarse a una sola persona y comprender su mundo y su lenguaje, ya sea de nuestro mismo sexo o requiera la ayuda de un diccionario para hombres procedentes de Marte y mujeres venusianas. Quizá por eso seguimos creyendo que el dos es el mejor número para una pareja.

Al igual que hacen de forma espontánea los niños pequeños, los antiguos griegos separaban el número dos de todos los demás: no solo distinguían el singular del plural, además tenían el dual, que se podía usar de forma libre y facultativa para indicar «partes del cuerpo, barcos aliados que surcan el mar con rumbo al mismo enemigo, caballos que tiran del mismo carro de guerra, hermanos gemelos, esposos, soldados aliados, divinidades. O no». Según Andrea Marcolongo, la autora de *La lengua de los dioses*:

Los que han tenido el raro privilegio de amar de verdad sabrán siempre distinguir la diferencia de intensidad y de respeto que existe entre pensar como «nosotros dos» y pensar como «nosotros»; pero ya no lo saben decir. A decir verdad, para ello se necesitaría el dual del griego antiguo.*

Necesitamos inspiración, no el enésimo compromiso, como cantaban Hugh Grant y Drew Barrymore en la película *Tú la letra, yo la música*. De hecho, al mirar a ciertas parejas de ancianos caminando por la calle de la mano es inevitable pensar que la idea de poder vivir varias aventuras con la persona adecuada, en lugar de con diez personas diferentes, es maravillosa. Confiamos en no tener que cambiar de interlocutor para cambiar de discurso, sino en tener la suerte de encontrar (y la inteligencia de elegir) a alguien que pueda compartir con nosotros la casa apropiada, con las ventanas abiertas y un jardín lleno de amigos con los que charlar sobre cualquier tema, del más delicado al más estúpido, frente a un vaso de vino.

En caso de que exista una manera de contener el exceso de energía de nuestro espíritu inquieto, queremos usarla para que nuestra vida sea más intensa, no para

---

* Andrea Marcolongo, *La lengua de los dioses*, traducción de Teófilo de Lozoya y Juan Rabasseda, Taurus, 2017 *(N. del E.)*.

arruinárnosla, para tener a la vez las cosas sencillas y las extraordinarias, ahora que estamos al lado del que ve lo que somos y puede que incluso más. Con la esperanza de descubrir que, cuando aprendemos a decir «amo a ti» con la fórmula mágica creada por Luce Irigaray, podemos dejar de mirarnos a los ojos para abrirnos a una mirada aún más romántica, que abraza una infinidad de cosas que podemos explorar juntos: seremos «dos vagabundos que van a descubrir el mundo», porque «hay realmente mucho mundo que ver», canta Holly Golightly mientras se seca el pelo en la escalera de incendios:

> *Two drifters off to see the world*
> *there's such a lot of world to see.*

Da mil besos, luego cien más

Curiosamente, en *El banquete* de Platón es Aristófanes, el comediógrafo, el que da voz a una de las imágenes del enamoramiento más famosas de nuestra historia literaria (aunque, para nosotros, que amamos a Eduardo De Filippo y a Massimo Troisi, no es novedosa la idea de que la comedia y la poesía son dos enamorados separados que no ven la hora de volver a abrazarse y que, cuando lo hacen, obran milagros).

Aristófanes cuenta a sus comensales el mito de que, en un principio, los seres humanos tenían tres sexos: los hombres, las mujeres y los hermafroditas. Preocupado por su extraordinaria fuerza, que podía arrebatarle el trono, Zeus urdió un diabólico sistema para volverlos más frágiles: los dividió en dos. «Cada uno de nosotros [...] fue cortado como un lenguado, de uno en dos; de forma que cada uno busca siempre la mitad que le corresponde». De esta forma, nuestra alma vaga esperando reconocer en medio de la multitud del mundo el pedazo perdido para recuperar la alegría y la plenitud de los seres originarios: mujer y hombre, hombre y hombre, mujer y mujer, todos dotados de cuatro piernas para avanzar en la vida como en un tango lleno de sorpresas:

Cuando uno de estos tiene la fortuna (ἐντύχη, entýche) de encontrar a su mitad, la amistad y el amor se apoderan del uno y del otro de tal manera que ya no quieren separarse, aunque solo sea un momento. Estos hombres que pasan toda la vida juntos no sabrían decir qué es lo que quieren el uno del otro, porque si encuentran tanta dulzura en vivir, así no parece que los placeres de los sentidos sean causa de ello. Su alma desea evidentemente alguna otra cosa que no puede expresar, pero que adivina y da a entender.*

Confía en lo que ves

De esta forma, con el corazón acelerado, los ojos inexpresivos y un ramo de flores en una mano para recordar a nuestra media naranja lo agradecidos que estamos de haberla conocido y reconocido, vamos volando a casa, donde no vemos la hora de llegar para poder dar «mil besos y luego cien más, mil más, cien más, después, sin parar, otros mil y otros cien» a la persona que queremos.

Por lo general, es justo en estos momentos cuando asoman ciertos pensamientos que nos obligan a frenar el paso y a mirar alrededor con suspicacia, buscando el inevitable engaño. En este caso, la mosca detrás de la oreja nos la pone Philip Roth en *El animal moribundo*:

---

* Platón, *El banquete*, traducción de Luis Roig de Lluis, Biblioteca virtual Miguel de Cervantes (*N. de la T.*).

La única obsesión que todo el mundo desea: «amor». ¿La gente cree que al enamorarse se completa? ¿La unión platónica de las almas? Yo no lo creo así. Creo que estás completo antes de empezar. Y el amor te fractura. Estás completo, y luego estás partido.*

Condicionados por una educación sentimental capaz de masacrar sentimentalmente a varias generaciones, después de dos siglos de literatura y cine bajo el lema de las pasiones arrebatadoras no correspondidas, del ataque de tortuosas tramas de esperanza y decepción y del eterno retorno del vampiro en las novelas de amor, es fácil olvidar que el amor es una cosa sencilla.

Cuando logramos confiar de manera plena y lúcida en nuestra elección —Epicuro habría dicho: cuando «evaluamos con sobriedad» lo que queremos tener o apartar, liberándonos de los prejuicios y apuntando exclusivamente a lo que es bueno para nosotros y nos hace sentirnos realmente bien— sucede que el momento perfecto se compone de muy pocas cosas. «Tesoro, estoy bailando en la oscuridad de la noche, te abrazo con los pies descalzos sobre la hierba mientras oímos nuestra canción

_____

* *El animal moribundo*, Philip Roth, traducción de Jordi Fibia, Debolsillo, 2013 *(N. del E.)*.

preferida. Confío en lo que veo, ahora sé que he encontrado un ángel en persona y ella me parece perfecta. No me lo merezco... para mí esta noche eres perfecta»:

Baby, I'm dancing in the dark,
With you between my arms
Barefoot on the grass, listening to our favorite song
I have faith in what I see
Now I know I have met an angel in person
And she looks perfect
I don't deserve this
You look perfect tonight.

Ed Sheeran ha revelado que escribió esta canción, que superó en pocos meses los mil millones de visualizaciones en YouTube, de golpe, recordando un momento preciso de felicidad con su novia en Ibiza, donde eran huéspedes de James Blunt. Puede que aún no hayamos pasado nuestras vacaciones en casa del que era nuestro ídolo de la adolescencia y que se ha convertido en un amigo. Pero también nosotros, como Ed, si improvisamos un lento descalzos en la sala, podemos sentirnos intimidados por un momento tan especial, sentirnos sorprendidos y casi indignos de tanta alegría, como si no nos la mereciéramos.

Una vez más, el único antídoto posible son las palabras consoladoras de Epicuro, quien, al igual que hacen los verdaderos amigos, insiste sin tregua cuando tendemos a abatirnos, recordándonos algo tan obvio que corremos el riesgo de olvidar en nuestras decisiones, ya sean pequeñas o grandes:

> Según nuestra enseñanza, el placer es el inicio y el final, el origen y el fin de la vida feliz: de hecho, hemos decidido que sea un bien fundamental e innato, del que nacen todas nuestras decisiones de tener algo o de apartarlo de nosotros. Cuando evaluamos lo que nos hace sentirnos realmente bien, nos medimos con el sufrimiento que podría acarrearnos.

Además, es muy probable que a Epicuro, que era totalmente contrario a Platón y a su pensamiento, no le habría conmovido la imagen de las almas separadas que se buscan, símbolo perfecto del dualismo que él se esforzó por recomponer para dar fuerza y dignidad al ser humano tal y como es, en lugar de como podría llegar a ser. Nuestro maestro habría gritado que es justo así como creamos el sufrimiento, pensando que alguien puede ajustar o completar lo que nos falta.

En cambio, es dulce imaginar que la idea de amor más acorde a su pensamiento es la del encuentro de dos personas plenamente esféricas y serenas por sí mismas, libres de abrazarse y de rodar juntas por el mundo por pura alegría, no por necesidad, como en un cuadro de Botero.

Enamórate de una desconocida

Para cultivar las buenas costumbres, además de no olvidarnos jamás de besuquear varias veces al día a nuestras personas preferidas (las que hemos elegido con los ojos bien abiertos por el simple motivo de que con ellas se está en la gloria), podemos buscar un ritual apropiado para celebrar nuestra conquista. Se lo dedicaremos a la persona que queremos tanto que no sabemos si nos alegra más la idea de que sea justo como es o la conciencia de que jamás dejaremos de explorar su perímetro y de enamorarnos de sus cambios y de nuestras diferencias (de las que solo podemos estar agradecidos, porque nos abren nuevas ventanas al mundo).

Por ejemplo, cada vez que nos despertemos podemos declamar estos versos de Éluard al que ha dormido a nuestro lado, a nuestros amigos del alma, a nuestros hijos o incluso a la cara más criticada, detestada y descuidada: la que vemos todas las mañanas en el espejo:

Hicimos la noche tomo tu mano te cuido
Te sostengo con todas mis fuerzas
Tallo sobre una roca la estrella de tus fuerzas
Surcos profundos donde la bondad de tu cuerpo germinará
Me repito tu voz oculta tu voz conocida
Todavía me río de la orgullosa
A la que vos tratás como a una mendiga
De los locos que respetás de los humildes en los que te bañás
Y en mi cabeza que se pone dulcemente de acuerdo con la
tuya con la noche
Me maravillo de la desconocida en la que te convertís
Una desconocida parecida a vos parecida a todo lo que amo
Que es siempre nuevo.*

_____

* Paul Éluard, «Hicimos la noche», traducción de Tom Maver (*N. del E.*).

15

Duerme bien y luego despiértate

Nada sucede dos veces
ni va a suceder, por eso
sin experiencia nacemos,
sin rutina moriremos.

En esta escuela del mundo
ni siendo malos alumnos
repetiremos un año,
un invierno, un verano.

No es el mismo ningún día,
no hay dos noches parecidas,

igual mirada en los ojos,

dos besos que se repitan».

Wisława Szymborska, «Nada dos veces»*

Lo bonito de dormir en el Etna es que al despertar el aire es fresco, también en julio o agosto, cuando el calor es sofocante. Bajas de la cama, aún en pijama, das dos pasos en el avellanar que tienes delante de casa, te asomas a la terraza para saludar al mar, que brilla ya bajo el sol, pero hoy tienes otros programas. Puedes pasar tranquilamente la mañana leyendo un libro en la tumbona, debajo del pino más grande y comiendo dos higos que cogerás del árbol cuando te apetezca. Como ruido de fondo se oyen las cigarras y la voz de la montaña con los ligeros borboteos que trae el viento, el teléfono solo tiene cobertura si lo pones en el borde del pozo, pero no te apetece levantarte y sientes que puedes pasar de él. Si alguien te llama, paciencia. Si, cuando lo cojas, ves que has recibido un millón de mensajes en *WhatsApp*, ya responderás más tarde. Las personas indispensables están ahí contigo, a dos árboles de distancia; las demás pueden esperar.

---

* Wisława Szymborska, *Saltaré sobre el fuego*, (antología), traducción de Abel Murcia y Gerardo Beltrán, Nórdica Libros, 2015 *(N. de la T.)*.

Es mejor comer dentro, porque la casa es vieja y tiene las paredes gruesas, de forma que en ella se está bien a cualquier hora. Además, sopla una brisa maravillosa, de forma que dejando la puerta abierta entra alguna que otra ráfaga ligera que refresca el corazón y te hace inspirar un poco más hondo de forma espontánea. La comida se prolonga, con calma, acompañada del pan rústico que tiene la corteza dura y la miga blandísima, llena de agujeros minúsculos, y que huele a levadura: no te cansas nunca de mojarlo con el aceite que hay en el plato, hasta la última gota. No es siquiera necesario buscar el tapón de la botella de vino, porque se ha terminado mientras charlabas. Alguien dice: ¡Vamos, que también era biodinámico! Y alguien se burla del amigo acusado de veganismo pernicioso y coactivo, la intransigencia vinícola y varios delitos más contra la humanidad. Tú apoyas la espalda en la silla y decides rechazar de buenas a primeras la taza que te han puesto delante. Sientes tener que levantarte e ir a lavarte los dientes, porque te gustaría conservar un poco más el sabor del vino en la boca: tienes la impresión de que jamás has probado un tinto como ese, que te llena el paladar con su sabor tosco y primitivo, pero al mismo tiempo elegante, incluso para ti, que no entiendes una palabra.

Antes de volver a la cama para disfrutar de la siesta solo te falta una cosa: cerrar un poco los postigos para dejar la habitación en penumbra. Para hacer las cosas como se debe, deberías ponerte el pijama, incluso solo la camiseta, pero no quieres dormir más de media hora, así que decides echarte sobre la colcha como estás, abrazando la almohada, y te duermes enseguida. Cuando te despiertas, dos horas más tarde, los demás están ya preparados y te esperan riéndose: ahora eres tú el blanco.

Paseáis por la tarde, cuando empieza a refrescar. Al principio tenías miedo y dudabas de los zapatos, pero al final, haciendo unas cuantas paradas, habéis llegado todos a la cima, también los niños, que enseguida recuperan las energías.

Lo que se abre ante vuestros ojos no es un cráter lunar, sino la tierra en estado puro. El valle del Bove es negro, negra la tierra y negra la lava que ha recogido a lo largo de los siglos: un vacío ciclópico que no atemoriza. Al contemplar la vista de la costa, de Portopalo a Messina, con los veleros que parecen puntitos blancos en el mar, no te sientes pequeño ni perdido. Las piernas te pesan un poco, pero el cuerpo está totalmente sereno y sientes como nunca que estás en el lugar justo en el momento justo. La tierra que pisas, el mar luminoso que tienes delante, el fuego que resbala por los abismos de las cuevas secretas bajo tus pies, la brisa que te despeina, todo está ahí para ti.

Los demás están probando el eco y te entran ganas de acercarte a ellos. Tu amiga apasionada de yoga te pone la mano en la barriga para que sientas adónde va la respiración: cuando te pide que hagas salir la voz de lo más hondo de tus entrañas y que la acompañes en su ascenso por los chacras, hasta llegar a la cima de la cabeza, te entra la risa, pero con ella nunca has tenido miedo de nada, así que hoy pruebas también eso. Al final, tu grito resuena en el vacío del valle, mucho más prolongado y potente de lo que jamás habrías imaginado, mezclándose con las demás voces que cantan, pronuncian su nombre o gritan sencillamente: «¡Oooh!; ¡Aaah!».

Cuando te sientas en un promontorio rocoso tu hija te parece mayor, una muchachita, asomada a la nada. Te da la espalda, lleva el pelo recogido por el calor, y sonríes cuando lees las palabras estampadas en su camiseta, porque nunca has pensado, como piensas ahora, que la amistad puede aplacar tanto la sed como el agua. Conoces de memoria el dibujo que tu hija tiene delante, Snoopy abrazando al pajarito, y te gustaría levantarte enseguida para abrazarla de la misma forma pero, en lugar de eso, sacas la botella de la mochila y decides no hacerlo: ella está ahí, cantando con su mejor amiga, no hay ninguna necesidad de molestarla y, aún menos, de sacarle una foto.

　Todo está ahí, donde debe estar, junto a todo lo que estuvo y lo que estará:

> No pretendas saber el fin que a mí y a ti
> nos tienen asignado los dioses, Leucónoe:
> saberlo sería un sacrilegio.
> Y no consultes los números babilónicos para averiguar
> lo que te reserva el futuro,
> ¡mejor será aceptar lo que venga!
> Quizá Júpiter te conceda aún muchos inviernos,
> o puede que este, el que ahora hace que
> el mar Tirreno rompa contra los opuestos cantiles,
> sea el último.
> Sé cauta, escancia el vino
> y adapta al breve espacio de tu vida
> una esperanza larga.
> También ahora hablamos
> sin comprender que en un instante
> el tiempo envidioso habrá huido.
> Vive el día de hoy. Captúralo.
> No te fíes del incierto mañana.
>
> Horacio, *Odas*

Practica con constancia estos pensamientos, día y noche, solo o en compañía de personas que ven la vida como tú: así la ansiedad nunca te turbará, ni despierto ni dormido, al contrario, vivirás como un dios entre los hombres.

Epicuro, *Carta a Meneceo sobre la felicidad*

AGRADECIMIENTOS

Gracias a todos los amigos que me han acompañado en la escritura regalándome ideas, consejos, imágenes, lecturas, apoyo y momentos maravillosos. Gracias a las personas de DeA Planeta, que recibieron este libro con confianza y pasión.

Además, quiero dar las gracias en especial a mi editora, Enrica Budetta, a Chiara Bossi, que se ocupó de la realización editorial, y a Laura Rossi, que me ayudó en la investigación. Gracias de todo corazón por haberme ofrecido un sólido *praesidium* y un *decus* dulcísimo.

NOTAS

Las traducciones de los textos de Epicuro, Lucrecio y Horacio son de la autora. En las demás se especifica siempre el autor.

Introducción

— «Caminando no hay camino que no sea el caminar»: Vinicio Capossela, *Habitación al sur*, del álbum *Habitación al sur*, 1992.
— «Sócrates: ¿Cómo llegas a estas horas?»: Platón, *Critón*, traducción de la autora.
— *Inception*, Christopher Nolan, 2010.
— *Carpe diem*, Horacio, «Oda I», 11.
— *La retama o flor del desierto*, *Cantos*, Giacomo Leopardi, versión de Miguel de Unamuno: «Noble aquella / que a alzar se atreve frente al común hado / ojos mortales, y con franca lengua / sin amenguar lo cierto, confiesa el mal que nos fue dado en suerte; ¡estado bajo y triste!».
— Los dos verbos de Epicuro a los que me refiero son χορηγῆσαι e ἐπανάγειν: de ellos hablo respectivamente en los capítulos 2 y 7.

— La epístola en la que Horacio usa *arcesso* es la I, 5 (citada en el capítulo 9); aquella en la que se define «un cerdo de la piara de Epicuro», la I, 4 (citada en el capítulo 7).

— Timone di Fliunte, un filósofo cínico, fue el que llamó cerdo a Epicuro: así lo refiere Diógenes Laercio en *Vida de Epicuro*. En Epicuro, *Carta sobre la felicidad*, traducción de José Vara, Ediciones Cátedra, 2005.

1. No pises la huella de los demás

— «Mientras caminamos»: Epicuro, *Sentencias Vaticanas*, 48.

— El sendero en el que pensaba mientras describía el recorrido en el bosque es la vía Valeriana, en el tramo que parte de Zone y se asoma al lago de Iseo.

— «En un bosque amarillo» y «Seguramente esto lo diré entre suspiros»: Robert Frost, «El camino no elegido», en *Poesía Completa*, traducción de Andrés Catalán, Linteo Poesía, 2017.

— «He caminado en el vacío»: Horacio, *Epístolas*, I, 19.

2. Expresa un deseo; mejor aún, un capricho

— El chiste de san Jenaro lo conocí leyendo a Elizabeth Gilbert, *Come, reza, ama*, editorial Aguilar, traducción de Gabriela Bustello, 2007.
— «Es absurdo pedir a los dioses»: Epicuro, *Sentencias Vaticanas*, 65.
— «Cosette puso a Caterina en una silla»: *Los miserables*, Victor Hugo, traducción de Marie Mersoye, Plutón Ediciones, 2014.
— «Si quieres enriquecer a Pitocles»: Epicuro, *Carta a Idomeneo* (citada en Seneca, *Cartas a Lucilio*, II, 7).
— «El mejor criterio para elegir»: Marie Kondo, *La magia del orden*, traducción de Rubén Heredia Vázquez, editorial Aguilar, 2015.
— «Desobediente a sus padres y aficionado a la holganza»: «Aladino y la lámpara maravillosa», *Las mil y una noches*, A. Galland, traducción de Pedro Pedraza Páez, Ramón Sopena, 1930.
— El libro al que se hace referencia es *El factor Aladino*, de Jack Canfield y Mark Victor Hansen, ediciones B, 1998.
— El juego de ciento un deseos llegó a Italia de la mano de Igor Sibaldi, que dedicó un libro al tema (*Il mondo dei desideri*, Tlon, 2016) y varias conferencias que se pueden encontrar en YouTube.
— «Vagando sin rumbo»: Lucrecio, *De rerum natura* II, 9-16.

— Sobre Paganini y el síndrome de Marfan: Condat Jean-Bernard, *Nicolò Paganini (1782–1840), Musicien Magicien Ou Mutan de Marfan?*, Champion, 1990.

3. Búscate un mecenas (o dos)

— «El sabio que se enfrenta»: Epicuro, *Sentencias Vaticanas*, 44.

— Sobre la vida de Peggy Guggenheim: *Peggy Guggenheim – Art Addict*, de Lisa Immordino Vreeland (2016) y Peggy Guggenheim, *Una vida para el arte*, traducción de Clara Gabarrocas, Parsifal Ediciones, 1990.

— «Cualquier amistad es una ocasión»: Epicuro, *Sentencias Vaticanas*, 23.

— «Mi sostén y mi dulce gloria»: Horacio, *Odas* I, 1.

— «Ah, si una fuerza prematura»: Horacio, *Odas* II, 17.

— «Queridísimo Mecenas, me matas»: Horacio, *Epodos*, 14.

— «Un amigo es alguien que sabe todo de ti y que, a pesar de eso, te aprecia»: Elbert Hubbard, *The notebook of Elbert Hubbard*, Kessinger Publishing, 1998.

— «Las había visto pasando su vida»: Ovidio, *Metamorfosis*, traducción de Ana Pérez Vega, Biblioteca virtual Miguel de Cervantes.

— «De todos los dones»: Epicuro, *Máximas capitales*, XXVII.

— «Para tener éxito»: *FF.SS. Che mi hai portato a fare sopra Posillipo se non mi vuoi più bene?*, de Renzo Arbore, 1983.

4. Aparta a los que te hacen sufrir

— «Alejemos de una vez por todas»: Epicuro, *Sentencias Vaticanas*, 46.

— «No pises»: Horacio, *Epístolas*.

— La historia de Nasruddin que come las guindillas la conocí en el curso de una conferencia de A. Jodorowsky titulada *La danza de la realidad*, que se puede encontrar en la red; los que deseen profundizar en ella pueden leer *Storie di Nasreddin*, Librería Editrice Psiche 2010, a cargo de Gianpaolo Fiorentini y Dario Chioli.

— Sobre el ejercicio de los diez minutos: Rudolf Steiner, *Ejercicios de meditación para la vida cotidiana*, editorial Pau de Damasc; Chiara Gamberale, *Per dieci minuti*, Feltrinelli, 2013.

— *Go on now go*: Gloria Gaynor, *I will survive*, en *Love Tracks*, 1978, traducción de la autora. La cubierta de los Cake se encuentra en *Faschion Nugget*, 1996.

— «Así pues, cada ser que vemos»: Lucrecio, *De rerum natura*, I, 248.

5. Recuerda que debes morir

— «Es magnífico vivir solo de espíritu» y «Tener fiebre»: *El cielo sobre Berlín*, Wim Wenders, 1987.

— «Acostúmbrate a pensar»: Epicuro, *Carta a Meneceo sobre la felicidad*, 124.

— *La muerte (o su alusión)*: Jorge Luis Borges, «El inmortal», *El Aleph*, Alianza Editorial, 2003.

— «De hecho, no hay nada aterrador»: Epicuro, *Carta a Mecenao sobre la felicidad*, 125.

— *Solo nos queda llorar*, de Roberto Benigni y Massimo Troisi, 1984.

— «Era el instante más feliz de mi vida»: Ohram Pamuk, *El museo de la inocencia*, traducción de R. Carpintero, Literatura Random House, 2009. La exposición con los objetos del Museo de la Inocencia partió de Estambul; yo la vi en el Museo Bagatti Valsecchi de Milán.

— El final alternativo de *El cielo sobre Berlín* con la batalla de tartas en la cara se puede encontrar en los extras del DVD de la película y en algún clip en YouTube.

— «Quien ha bajado al menos un millón de escaleras dándonos el brazo»: me refiero a Eugenio Montale, *He bajado, dándote el brazo*, en *Satura*, editorial Icia, 2000.

— «Una sonrisa especial del color del trigo»: me refiero a Antoine de Saint-Exupéry, *El principito*, traducción de Bonifacio del Carril, editorial Salamandra, 2016.

— «En las tardes azules de verano»: Arthur Rimbaud, «Sensación», *Poesía completa*, traducción de Aníbal Núñez, editorial Visor, 1997.

6. Invita a un café a un vecino

— «Quien logra dar y recibir una gran confianza»: Epicuro, *Máximas capitales*, XL.

7. Sé más feliz que un dios

— El episodio lo cuenta Herodoto en *Historias*, I, 30.
— «Los deseos o son naturales o son vanos»: Epicuro, *Carta a Meneceo sobre la felicidad*, 127-128.
— «Nuestra carne grita»: Epicuro, *Sentencias Vaticanas*, 33.
— «Una sola cosa»: Epicuro, *Carta a Meneceo sobre la felicidad*.
— «Emanciparse de la pesadilla»: Franco Battiato, «Y te vengo a buscar», *Fisiognomica*, 1998.
— «Aprendemos a atribuir un gran valor»: Epicuro, *Carta a Meneceo sobre la felicidad*, 130.
— «Hay personas»: Epicuro, *Máximas capitales*, VII.
— «Una vida libre»: Epicuro, *Sentencias Vaticanas*, 67.

— «También en la renuncia»: Epicuro, *Sentencias Vaticanas*, 63.

— «Quien dice que el dinero»: *Los dos huerfanitos*, de Mario Mattoli, 1947.

— «Vivo como un rey»: Horacio, *Epístolas*, I, 10.

— «Tenemos que manejarnos con una moneda», Richard Bach, *El puente hacia el infinito*, Ediciones B, 2004.

— «Los instrumentos que puede procurar»: Epicuro, *Sentencias Vaticanas*, 45.

— «Vivir como un dios»: Epicuro, *Carta a Meneceo sobre la felicidad*, 135.

— «Acostúmbrate a pensar»: Epicuro, *Carta a Meneceo sobre la felicidad*, 123-124.

— «Dad al César»: *Evangelio según San Mateo*, 22, 21 en *La Sagrada Biblia*.

— «*Tantum religio*»: Lucrecio, *De rerum natura*, I, 101.

— «La fuerza vigorosa», Lucrecio, *De rerum natura*, I, 72 ss.

— «Albio, tú que hiciste»: Horacio, *Epístolas*, I, 4.

8. Sé joven y sabio

— «Un viejo que ha vivido»: Epicuro, *Sentencias Vaticanas*, 17.

— «No es posible vivir»: Epicuro, *Máximas capitales*, V.

— «El joven no debe esperar»: Epicuro, *Carta a Meneceo sobre la felicidad*, 122.

— «Hoy vivimos como media»: las palabras de Jane Fonda proceden de su TED Talk titulado *Life's Third Act*.

— El mito del pesaje de las almas se cuenta en *El libro de los muertos,* en el capítulo 125. Luca Peis y Alessandro Rolle, *Peremheru: Il libro dei morti nell' Antico Egitto,* LiberFaber 2014.

— «Volviendo a ser una joven promesa»: «En Italia hay un momento mágico en el que se pasa de la categoría de "brillante promesa" a la del "capullo de siempre". Después, la edad solo concede el acceso a la dignidad de "venerado maestro" a unos pocos afortunados», es la frase más famosa atribuida a Alberto Arbasino.

— «Estábamos a mediados de octubre»: *Mi vida en rose*, David Sedaris, traducción de Toni Hill, Literatura Random House, 2003.

9. Concédete un banquete

— «Timócrates, hermano de Metrodoro»: Diógenes Laercio, *Vida de Epicuro*, 6.

— «Mándame un cuenco»: Epicuro, en Diógenes Laercio, *Vidas de los filósofos*, X.

— «Un poco de pescado cuando no reparamos en gastos» hace referencia a un pasaje de Epicuro que se citará en el capítulo 14: «Lo que hace dulce la vida no es asistir continuamente a festines o fiestas desenfrenadas, ni gozar de

los jóvenes, las mujeres, las cenas a base de pescado y todas las delicias que puede ofrecer una mesa para la que no
se ha reparado en gastos, sino evaluar con sobriedad», *Carta a Meneceo sobre la felicidad*, 132.

— «Acostumbrarse a vivir»: Epicuro, *Carta a Meneceo sobre la
felicidad*, 131.

— «Los sabores sencillos»: Epicuro, *Carta a Meneceo sobre la
felicidad*, 131.

— «Hora de cenar. Me siento sola»: Elizabeth Gilbert, *Come, reza,
ama*, editorial Aguilar, traducción de Gabriela Bustello, 2007.

— «Lo insaciable no es el estómago»: Epicuro, *Sentencias Vaticanas*, 59. — «Pero ahora que ha aprendido las malas artes
no querrá ponerse a trabajar»: *Odisea*, Ho-
mero, traducción de José Luis Calvo Martínez, Ediciones Cátedra, 2006, Madrid.

— Horacio se define como un «cerdo de la piara de Epicuro»
en sus *Epístolas* (aquí citada en el capítulo 7).

— «Si eres un huésped»: Horacio, *Epístolas*, I, 5.

10. Brinda a la salud de tus enemigos

— «Amigos, ha llegado el momento»: Horacio, *Odas*, I, 37.

— «Hay que emborracharse enseguida»: Alceo, fragmentos,
332 V.

— Las superproducciones de Mankiewicz: *Cleopatra*, de Joseph L. Mankiewicz, 1963.

— «A uno que airado le dijo»: Plutarco, *Vida de Marco Antonio*, 85, en *Vidas paralelas*, traducción de Antonio Ranz Romanillos, editorial Losada.

— «Osó mirar»: Horacio, *Odas*, I, 37.

— «Sacar el cécubo»: Horacio, *Odas*, I, 37.

11. Ve a vivir a un faro

— «Sentado en la orilla, lloraba»: Homero, *Odisea*, V, 82-84, traducción de José Luis Calvo Martínez, Ediciones Cátedra, 2006, Madrid.

— «El hombre de muchos senderos»: Homero, *Odisea*, I, 2, traducción de José Luis Calvo Martínez, Ediciones Cátedra, 2006, Madrid.

— Sobre «el viaje del héroe»: Joseph Campbell, *El héroe de las mil caras*, traducción de Luisa Josefina Hernández, Fondo de Cultura Económica, México, 2017; Chris Vogler, *El viaje del escritor*, editorial Ma Non Troppo, 2002.

— «Es agradable cuando las ráfagas»: Lucrecio, *De rerum natura*, II, 14.

— «No hay nada más dulce que ocuparse»: Lucrecio, *De rerum natura*, II 7-8.

— «Protección contra todo»: Epicuro, *Sentencias Vaticanas*, 80.

— «Aquí te amo»: Pablo Neruda, *Veinte poemas de amor y una canción desesperada,* editorial Castalia, 2012.

— «Las lágrimas que se mezclan en la piel con la sal del mar»: esta frase procede de una canción de Suzanne Vega, «Calypso» (*Salt of the waves and of tears*), de *Solitude Standing*, 1987.

— «Yo lo traté como amigo»: Homero, *Odisea*, V, 135-136, traducción de José Luis Calvo Martínez, Ediciones Cátedra, 2006, Madrid.

— «Uno de los cuentos más bonitos de Tomasi di Lampedusa»: Giuseppe Tomasi di Lampedusa, «La sirena», en *Relatos,* editorial Edhasa, 1990.

— «Mar traidor»: *Insólita aventura de verano,* de Lina Wertmüller, 1974.

— «Que largamente sacudido por las olas»: *Líricos griegos,* Salvatore Quasimodo.

— «*Calipso*: Odiseo, nada es muy distinto»: Cesare Pavese, «La isla» en *Diálogos con Leucó,* Bruguera, 1980.

— «Y la soberana ninfa»: Homero, *Odisea*, V, 149-153, traducción de José Luis Calvo Martínez, Ediciones Cátedra, 2006, Madrid.

— «No debemos maltratar»: Epicuro, *Sentencias Vaticanas*, 35.

— «Se aturden en la tranquilidad»: Epicuro, *Sentencias Vaticanas,* 11.

— «El hombre mortal, Leucó»: Cesare Pavese, «Las brujas», en *Diálogos con Leucó,* editorial Tusquets. La familia de Pavese decidió dar a conocer la nota que el escritor había dejado dentro del libro varias décadas después de su muerte. Yo la conocí gracias a un artículo de *Repubblica* de 24 de agosto de 2005.

— «Él, que cuando está en Tivoli añora Roma»: Es un verso de Horacio, de *Epístolas,* I,8: «Inconstante como el viento, en Roma amo Tivoli y en Tivoli Roma».

— «Más que una película»: Guè Pequeno, «Brivido», *Bravo ragazzo,* 2013.

— «Quien no se conforma»: Epicuro, *Sentencias Vaticanas,* 68.

— «Ningún placer es malo de por sí»: Epicuro, *Máximas capitales,* VIII.

— «Los deseos que no nos hacen sufrir»: Epicuro, *Máximas capitales,* XXVI.

— «Vale la pena»: Cesare Pavese, *Lo steddazzu.*

— «El ser feliz, eterno e incorruptible»: Epicuro, *Máximas capitales,* I.

— «Nacemos una sola vez»: Epicuro, *Sentencias Vaticanas,* 14.

— «Qué deberías decir»: Horacio, *Epístolas,* I,1. La expresión «cuando cambian los redondos por los cuadrados» es una alusión al *Timeo* de Platón.

— «Mediante compasión y temor»: Aristóteles, *Poética*, VI, traducción de Valentín García Yebra, Madrid, editorial Gredos 1974.

— «Las experiencias también se pueden leer»: *Al anochecer*, de Francesca Archibugi, 1990.

— *La dolce vita*, de Federico Fellini, 1960.

— «Como si alrededor sucediera un prodigio de aire»: es un verso de Cesare Pavese, de «Verano», dedicado a Fernanda Pivano.

12. Escribe una carta a un amigo

— El estudioso que ha reconstruido la expulsión de Epicuro de Mitilene es Ettore Bignone, en *L'Aristotele perduto e la formazione filosófica di Epicuro*, Bompiani, 2007.

— *I had my ups and downs*: Beyoncé, «Freedom», en Lemonade, 2016.

— Se *ipso esse contentum*: Séneca, *Cartas a Lucilio*, I, 9.

— «Liberémonos de la prisión»: Epicuro, *Sentencias Vaticanas*, 58.

— «Vivir escondido»: Plutarco, *Moralia XIV*, 1128a-1139e.

— Sobre el «derecho por naturaleza» se pueden leer algunas de las *Máximas capitales* de Epicuro (sobre todo XXXI–XXXVIII).

— «El placer y la riqueza»: Horacio, *Epístolas*, I, 17.

— Sobre los papiros de Herculano: Francesca Longo Auricchio, *I papiri ercolanesi*, en AAVV, *Epicuro e l'Epicureismo nei Papiri Ercolanesi*, Actas del congreso internacional «El epicureísmo griego y romano», Nápoles, 19-26 de mayo de 1993.

— «Hay que reírse, hablar de filosofía»: Epicuro, *Sentencias Vaticanas*, 41.

— «Un jardín, higos»: Friedrich Nietzsche, *El caminante y su sombra*, editorial Edimat, traducción de Luis Díaz Marín, 2000.

— «Un razonamiento filosófico»: Epicuro, citado por Porfirio, *Carta a Marcella*, 31.

— «No hay que presumir»: Epicuro, *Sentencias Vaticanas*, 54.

— «Ponerse en fila de tres y responder siempre que sí»: es un verso de *In fila per tre*, de Eugenio Bennato, en *I buoni e i cattivi*, 1974.

— «Los sueños no tienen origen divino»: me refiero a *Sentencias Vaticanas*, 24.

— Sobre los *asklepiéia*: Laura Rossi, «La religione e i santuari dei greci», en C. Aime y M. G. Pastorino, *101 lezioni di diritto ed economia plus*, Rizzoli 2017. Luciana Rita Angeletti, «The dream in the medicine of Asklepeia», en *Medicina en los siglos*, 1992 (vol. 4.2), páginas 71-82.

— «Los bandidos se levantan por la noche»: Horacio, *Epístolas*, I, 2.

— «Estas cosas no se las digo a muchos»: Epicuro, de Séneca, *Cartas a Lucilio*, 7, 11.

13. Mira a las estrellas a la cara

— «Si el mundo es un pulular»: Carlo Rovelli, *Siete breves lecciones de física*, traducción de Francisco J. Ramos Mena, Anagrama, 2016.

— «A la filosofía griega parece sucederle» y «Así pues, al igual que el átomo se libera»: Karl Marx, *Diferencia de la filosofía de la naturaleza en Demócrito y Epicuro*, Karl Marx, editorial Ayuso, 1971.

— «Si no nos atormentara nunca el temor»: Epicuro, *Máximas capitales*, XI.

— «Epicuro moribundo»: Diógenes Laercio, *Vida de Epicuro*.

— «Como un dios entre los hombres»: Epicuro, *Carta a Meneceo sobre la felicidad*, 135.

— «Garabatear unas notas al vuelo»: descubrí la historia de la nota de Einstein en un artículo de *Repubblica* del 24 de octubre de 2017.

— «Te conviene dormir tranquilo»: Epicuro, citado por Porfirio, *Carta a Marcella*, 29.

— «La obra de Lucrecio»: en Tito Lucrecio Caro, *De rerum natura*, Weidman, 1923–1924, traducción de la autora.

— «No puedo concebir un dios»: citado en Vincenzo Barone, *Albert Einstein. Il costruttore di universi*, Laterza, 2017.

— «Vemos un universo maravillosamente ordenado»: Albert Einstein, *Mis ideas y opiniones*, Antonio Bosch editor, traducción de José Mª Álvarez Florez, 2011.
— Kary Mullis, *Dancing naked in the mind field*, Vintage, 2000.
— «Imagina que, de repente, la naturaleza»: Lucrecio, *De rerum natura*, III, 931-1075.
— «Te escribo esta carta»: Epicuro en Diógenes Laercio, *Vidas de filósofos ilustres*, X, 22.
— «He creado un monumento»: Horacio, *Odas*, III, 30.

14. Besa a quien quieras

— «Pero, sobre todo, quería hablarle»: Truman Capote, *Desayuno en Tiffany's*, traducción de Enrique Murillo, editorial Anagrama, 1987.
— «O Doris Day o Marylin Monroe»: Sam Wasson, «Fifth Avenue, 5 A.M.: Audrey Hepburn, Breakfast at Tiffany's, and the Dawn of the Modern Woman», Harper, 2010.
— «Lo que hace dulce la vida»: Epicuro, *Carta a Meneceo sobre la felicidad*, 132.
— «Dicen que»: Diógenes Laercio, *Vida de Epicuro*, 4-5.
— «¿De verdad quieres que esté siempre contigo?»: Horacio, *Epístolas*, I, 7.

— «Maldición, dónde ha escapado Venus»: Horacio, *Odas*.

— «Te lo ruego, te lo ruego»: Horacio, *Odas*, IV, 1.

— «Los que han tenido el raro privilegio de amar»: Andrea Marcolongo, *La lengua de los dioses,* traducción de Teófilo de Lozoya y Juan Rabasseda, editorial Taurus, 2017.

— «Necesitamos inspiración»: es un verso de la canción *The Way Back Into Love,* de la película *Tú la letra, yo la música,* de Marc Lawrence, 2007.

— «Amo a ti»: Luce Irigaray, *Amo a ti,* editorial Icaria, 1994.

— *Two drifters*: versos de la canción *Moon River,* de Johnny Mercer y Henry Mancini, de *Desayuno con diamantes,* Blake Edwards, 1961.

— «Cada uno de nosotros fue cortado» y «Cuando uno de estos tiene la fortuna»: Platón, *El banquete,* traducción de Luis Roig de Lluis, Biblioteca virtual Miguel de Cervantes.

— «Mil besos, luego cien más»: Catulo, *Carmina,* traducción de la autora.

— Philip Roth, *El animal moribundo,* traducción de Jordi Fibia, editorial Alfaguara, 2002.

— «*Baby, I'm dancing*»: Ed Sheeran, *Perfect,* en ÷, 2017.

— «*Hicimos la noche*»: Paul Éluard, «Nous avons fait la nuit», de *Facile,* en *Oeuvres complètes. Tome 1: 1913-1945,* Gallimard, 1968. Traducción de Tom Maver.

15. Duerme bien y luego despiértate

— «Nada sucede dos veces»: Antología *Saltaré sobre el fuego*, Wisława Szymborska, traducción de Abel Murcia y Gerardo Beltrán, Nórdica Libros, 2015.

— El camino del Etna corresponde al sendero llamado La espalda del burro.

— «No pretendas saber el fin»: Horacio, *Odas*, I, 11.

— «Practica con constancia»: Epicuro, *Carta a Meneceo sobre la felicidad*, 135.

LECTURAS

— Adriano Tilgher, *Filosofi antichi: buddismo antico, jonici, stoicismo, Epicuro, scettici, Plotino, Proclo e la scuola di Atene, il cristianesimo ed i misteri pagani*, Atanor, 1921.

— Alain De Botton, *Cómo cambiar tu vida con Proust*, traducción de Miguel Martínez Lage, editorial RBA libros, 2012.

— Alain De Botton, *Las consolaciones de la filosofía*, traducción de Pablo Hermida Lazcano, editorial Taurus, 2006.

— Antonio La Penna, *Da Lucrezio a Persio*, Salani, 1995.

— Antonio La Penna, *La letteratura latina del primo periodo augusteo (42-15 a.C.)*, Laterza, 2013.

— Aristóteles, *Poética*, traducción de Valentín García Yebra, Madrid, editorial Gredos, 1974.

— Benjamin Farrington, *La rebelión de Epicuro*, traducción de José Cano Vázquez, Ediciones de Cultura Popular, 1968.

— Epicuro, *Obras completas*, traducción de José Vara, editorial Cátedra, 2005.

— Eva Cantarella, *L'ambiguo malanno. Condizione e immagine della donna nell'antichità greca e romana*, Feltrinelli, 2010.

— Francesco Adorno, *La filosofia antica*, Feltrinelli, 1981.

— Hervé Clerc, *Les choses comme elles sont: une initiation au bouddhisme ordinaire*, Folio, 2011.

— Horacio, *Epístolas. Arte poética*, traducción de Fernando Navarro Antolín, editorial Consejo Superior de Investigaciones Científicas, 2002.

— Horacio, *Odas y épodos*, traducción de Vicente Cristóbal, editorial Austral, 2005.

— Luciano de Crescenzo, *Historia de la filosofía griega*, traducción de Beatriz Alonso Aranzábal, editorial Seix Barral, 1997.

— Luciano de Crescenzo, *Il caffè sospeso. Saggezza quotidiana in piccoli sorsi*, Mondadori, 2017.

— Luciano de Crescenzo, *Stammi felice. Filosofia per vivere relativamente bene*, Mondadori, 2016.

— Lucrecio, *La naturaleza*, traducción de Francisco Socas Gavilán, editorial Gredos, 2010.

— Marcello Gigante, *Scetticismo e epicureismo, Per l'avviamento di un discorso storiografico*, Bibliopolis, 2006.

— Maria Luisa Catoni, *Bere vino puro*, Feltrinelli, 2010.

— Paul Veyne, *Historia de la vida privada. Del Imperio Romano al año mil*, editorial Taurus, 1987.

— Paul Zanker, *Augusto y el poder de las imágenes*, traducción de Pablo Diener Ojeda, editorial Alianza, 1992.

— Pierre Hadot, *Ejercicios espirituales y filosofía antigua*, traducción de Javier Palacio, editorial Siruela, 2006.

— Pierre Hadot, *No te olvides de vivir. Goethe y la tradición de los ejercicios espirituales*, traducción de María Cucurella Miquel, editorial Siruela, 2010.

— Platón, *El banquete*, traducción de Luis Roig de Lluis, Biblioteca virtual Miguel de Cervantes.

— Plutarco, *Obras morales y de costumbres*, traducción de Manuela García Valdés, editorial Akal, 1987.

— Plutarco, *Vidas paralelas*, traducción de Antonio Ranz Romanillos, editorial Losada.

— Santo Mazzarino, *L'impero romano*, Mondadori, 2010.

— *Sappho et Alcaeus fragmenta*, Polak & van Gennep, 1971, a cargo de Eva-Maria Voigt.

— Séneca, *Cartas a Lucilio*, traducción de Jaume Bofill, Ediciones Cátedra.

— Stefano Bettera, *Felice come un Buddha*, Morellini, 2017.

— Umberto Eco, *Decir casi lo mismo*, editorial Lumen, 2008.

— VV. AA., *La felicità degli antichi*, Feltrinelli 2018, a cargo de Davide Susanetti.

Este libro

se terminó de imprimir

en el mes de junio de 2019

megustaleer

Descubre tu próxima lectura

megustaleer

Descubre tu próxima lectura

Apúntate y recibirás recomendaciones de lecturas personalizadas.

www.megustaleer.club

 megustaleerES

 @megustaleer

 @megustaleer

me a leer

Descubre tu
próxima lectura

Apúntate y recibirás
recomendaciones de lecturas
personalizadas